丹治初彦

「捜査弁護」覚書

現代人文社

「捜査弁護」覚書

はしがき

　本書は、主として、私が所属する兵庫県弁護士会の刑事弁護センターの勉強会の場で、あるいは同センター発刊の「刑事弁護センター通信」(のちに「刑事弁護ニュース」と改題)に発表したもの、ごく一部は外部の書に掲載されたもののうち、いずれも捜査に関する部分に限って収録した。

　「捜査弁護」という表現が、かつてあったかどうかは知らない。が、私は、昭和60(1985)年頃からこの用語を使ってきた。
　必ずしも適切な用語ではないが、捜査手続段階において、弁護人としても積極的な弁護活動を展開するべきであるとの意味を込めている。
　そして、捜査弁護にとって最も大切なことは何かと尋ねられるとき、私は一貫し捜査弁護は「力仕事」であると答えてきた。
　本文中にも、しばしば「力仕事」という言葉が出てくるが、このことは例えば、被疑者(依頼者)が、無実を訴えるような厳しい事件を担当すると誰しも実感するところであって、わが刑弁センターの仲間内では、ほぼ定着した認識になっていると思われる。
　細かい技術論よりも、求められるものは事件への情熱であり、難しいことではあるが、可能な限り被疑者と苦しみを共有していかねばならない。
　そこに工夫が生まれ、光明を見出すことになると信じたい。
　とりわけ身体が拘束された場合には、捜査段階での20日間(勾留期間)が、その事件の結果を決することになるといえよう。
　第1章で、序論にかえて「捜査弁護は刑事弁護活動の要である」と書いたのはそのことによる。
　また、ここでの弁護活動は、「接見に始まり接見に終わる」といっても過言ではない。
　その意味で、第5章の「接見交通権について」が、捜査弁護の中核となるゆ

えに多くの頁が割かれている。特に、第3節の「効果的な弁護人接見」は、新しく書き起こしたもので、いわば、私の接見スタイルである。

「捜査弁護」全般にわたる私の基本的な考え方は、第3章の「捜査弁護の技法について」に集約させたつもりである。大方のご批判をいただきたいと思う。

それにつけても、弁護人が被疑者に対して黙秘権の行使を勧めたことについて、裁判所が判決の中で弁護人の活動を不相当であるとした一連の判決を読んだときの驚きを忘れることはできない。

かつて学生運動や労働運動が激しかった1970年代前半の刑事裁判においてすら、判決の中で弁護活動を批判するなどということはなかったはずである。

このことを一言でいえば、裁判官の思想の頽廃にとどまらず、そのことを許すわが国の頽廃への現れであるといえよう。

そこで、各章に補説を加えて私の思いを書き込み、改めて第7章で「刑事弁護人の役割」を書き起こして、本書を出すことにした次第である。

文書は、古い時期のものもあり、もとより未熟なものであることは自覚しているが、少しでも私の思いを伝えることが出来たとしたら望外の幸せである。

最後になるが、このささやかな小冊子の出版を快くお引き受けいただいた現代人文社の代表者であられる成澤壽信氏に厚く御礼申し上げる。また、原稿の整理・校正の作業を担当してくれた、私の事務所に所属した長生靖子氏にも感謝したい。

平成17(2005)年1月

丹治 初彦

目　次

はしがき　2

第1章　序論にかえて──捜査弁護は刑事弁護の要であること　9
はじめに　9
神戸須磨郵便局事件　10
　事件の概要
　第一審公判での証人尋問
　初めて知った海外の文献
　証拠排除の申立による無罪獲得
　判例を変えようとする気力
事件から学んだこと　15
　敵性証人に対する反対尋問
　反省点
　3つの教訓
捜査弁護は刑事弁護活動の要である　20
補説　22

第2章　捜査の構造論について　23
「捜査弁護」のこと　23
弾劾的捜査観と糾問的捜査観　23
訴訟法的捜査構造論　24
実務から見た捜査手続論　26
　不起訴にすることの重要性
　弾劾的捜査観
補説　31

第3章　捜査弁護の技法について　34
はじめに　34
〈事案〉
〈検討課題〉
否認事件と弁護活動　36
被疑者身体不拘束下の弁護活動　38
出頭に応じるべきか否か
取調べに対する対応
カウンセラーの役割
任意捜査の限界
被疑者身体拘束下の弁護活動　44
勾留請求がなされた場合の対応
勾留決定に対する弁護活動
被疑者の黙秘権行使と弁護活動　46
弁護人がなすべき方針提示
勾留質問に対して黙秘権を行使すべきか
勾留が継続された場合の対応
被疑者取調べと接見交通　49
後には引かない粘りが必要
「接見指定」＝「強制処分」といえるか
被疑者（依頼者）の利益と弁護活動　51
弁護人によるアドバイス
私の経験
弁護人の「真実義務」
補説　54
［1］最2小判平元・10・27における奥野久之判事の少数意見
［2］最3小判平12・2・22における元原利文判事の少数意見

第4章　身体拘束下の被疑者と刑事弁護　58
「取調べ」とは何か　58
被疑者の「取調べ受忍義務」について　60
捜査構造論と被疑者取調べ　63
弁護人の取調べ立会権について　65

被疑者取調べとテープ録音　68
最高裁判決と接見交通権　69
弁護人の勾留質問立会権　70
結びにかえて　71
補説　72

第5章　接見交通権について　77

第1節　接見交通権の再構成……77

問題の所在――接見交通権をめぐる問題点の変遷と現状　77
接見交通権における問題点
接見交通の現状

接見交通権と憲法34条の解釈――「手続的権利」の優位性　81
最高裁判例に見る見解
接見交通権優位説
接見交通権の根拠

接見交通権と刑訴法39条の解釈――「接見指定」任意処分説　86
法39条3項の接見指定の処分性
刑訴法430条1項の関係

第2節　接見交通権再考――浅井・若松判決以降における下級審判決の動向……89

はじめに　89

法39条3項と違憲論　89
憲法・国際人権法上における接見交通権の位置づけ
最高裁判例の見解
憲法34条説
手続的請求権

法39条3項「捜査のため必要」の解釈　94
下級審判決の見解
取調べ受忍義務について

最高裁判例と接見実務への影響――「予約型接見」と取調べ予定　97
「直行型接見」と「予約型接見」
判例の見解

被疑者の防御権と法39条3項但書の活用　100
判例一覧表

補説　101
第3節　効果的な弁護人接見……103
弁護人接見の役割　103
接見での心構え　104
- 第1クールの注意点
- 第2クールの注意点
- 第3クールの注意点
- 第4クールの注意点

まとめに代えて　109
第4節　接見交通の補助手段について若干の考察……111
問題の所在　111
電話接見の活用　112
- 電話接見の可否
- 電話利用における実効性

特別弁護人の活用　114
- 特別弁護人制度のねらい
- 特別弁護人制度に対する問題提起
- 法解釈上の問題
- 〈事件概要〉
- 〈判旨〉

補説　119

第6章　積極的弁護活動　120
第1節　勾留理由開示手続について……120
はじめに　120

開示請求手続　121

弁護人の準備　122

開示公判の持ち方　122

弁護人が留意すべきこと　124

補説　124
第2節　刑事手続上の証拠保全について……126
はじめに　126

証拠保全手続の留意点　127
　　今後の課題　129

第7章　**刑事弁護人の役割について**　131
　刑事弁護人は「真実義務」を負うか　131
　　　刑事手続の目的
　　　弁護人の真実義務に関する論争
　　　弁護人の真実義務とは何か
　黙秘権の行使と弁護活動　136
　　　最高裁が行ってきたこと
　　　刑事弁護の原点
　　　弁護人は何をすべきか
　補説　139

第1章　序論にかえて
―― 捜査弁護は刑事弁護の要であること

はじめに

　私は、昭和39（1964）年に中央大学法学部政治学科を卒業しました。新聞記者になることを断念して本格的に法律の勉強を始めたのはその年のことです。したがいまして、大学では刑事訴訟法の授業を受けることもありませんでしたし、司法試験受験のための選択科目にも取り入れませんでした。昭和43（1967）年に合格し、司法研修に入って刑事裁判の担当であられた故岡田光了先生から、訴因論について2回にわたって特別講義を受けたのが最初の入門となりました。

　実務修習は、元原利文先生の事務所に配属され、そのまま勤務弁護士となりましたが、先生の事務所は、もっぱら民事、商事関係の仕事でしたから、刑事弁護はまさに独学で、それでも自分なりに工夫をして国選弁護を手がけていました。幸い、登録をした年に無罪判決がとれたことから、次第に興味を持つようになり、仕事は民事事件、趣味は刑事事件と称しては、長い間手前勝手なことばかりやってきました。

　その後、昭和63（1988）年に、三井誠先生らの編集されました『刑事手続（上・下）』（筑摩書房）が発刊されましたが、その上巻の中で河上和雄検察官が「わが国の刑事裁判の結果が良好な現状を維持しているのは、検察官にとってはなはだ楽で幸いなことであるが、これには、弁護士の質の低さに相当部分を負っていると思われる」という一文を読み、誠に腹立たしく、これまでの体験を踏まえて、いつか刑事弁護の本をまとめてみたいという思いが消えず、同期（23期）で親友の浦功先生とともに編んだのが『実務刑事弁護』（1991年、三省堂）です。この本の出版にあたって、理論面からご指導を受けたのが三井

誠先生であり、渡辺修先生でした。

　その後、これに類する刑事弁護の実践の書が多く出版されるようになり、弁護の技術も格段の進歩を見るようになったといわれます。正直にいいますと、多少の自負心を持っておりました。

　しかし、どうでしょうか。それにもかかわらず現在の刑事裁判は、いっそう形骸化し、しかも犯罪被害者保護が声高に叫ばれる状況の中で、被疑者・被告人の防御権の行使に対してすら攻撃がかけられているという現状があります。もとより被害者保護（支援）は極めて大切な課題ですが、被害者保護の名のもとに実体的真実の発見がいたずらに強調され、被疑者・被告人が人権を侵害される側のものとしてみなされず、人権を侵害する「加害者」として逆転せしめられる結果、「誤判」を生む危険性は極めて高いといわねばならないのです。

　このような思いの中で、新しく弁護士になられた方々に、私はもはや語る言葉を見出しえないのです。それでもお引受けした以上、私なりの刑事弁護の原点となった思い出の事件のことを申し上げて、責を果たしたいと考えます。

神戸須磨郵便局事件

事件の概要

　この事件は、昭和48（1973）年3月16日に発生した郵便法違反、窃盗事件です。のちに道田信一郎先生の『わなと裁判』（1983年、中公新書）の中で紹介されています。

　事案を簡単に説明しますと、公訴事実は、神戸の須磨郵便局の郵便課主任であった被告人が、3月16日午後零時35分頃から零時48分頃までの間に、取集2号便で、同局内に取集されてきた封書2通（普通郵便物）を窃取したというものです。一見すると単純な窃盗事件に見えますが、これがなかなか難しい事件でした。

　真実は今も不明ですが、当時、須磨郵便局扱いの郵便物の不着事故が多発したという理由をもって、近畿郵政監察局神戸支局が、1回に5、6通、多いときには30通の試験郵便物に現金を封入し、200回程の投函を行いました。そ

の結果22通の不着が出ました。この不着便に関与した可能性の高い職員として被告人に疑いを持ち、監査官Aとそれを補助する事務官Bの2人で尾行調査を開始しました。

　A、Bは3月16日午後3時10分頃、早番の勤務を終えて帰路についていた被告人が、その途中で背広上衣の左ポケットから2つ折になった封筒を取り出してポストに投函したのを目撃しました。そこで被告人が立ち去った直後にポストを開函したところ、ポストの郵便物の上に消印のない2つ折の普通郵便物の封書2通がありました。

　この郵便物は、試験郵便物として投函した日時・場所から、当日の取集2号便として零時35分頃から零時48分までの間に、須磨郵便局の取揃台の上にあった（現在は機械化されていますが、当時は手作業で取揃えをしていた）はずで、これを被告人が郵便物に現金が入っているものと考えて窃取し、密かに開封してみたが現金が入っていなかったので、もう一度密封して不着事故を発生させないためにポストに投函したのだとしました。

　そこで、捜査機関のとった立証の構造は、第1に2つの郵便物の流れです。とりわけ3月16日の零時35分から48分頃の間に取揃台に存在した可能性、第2には、それにもかかわらず被告人が3時10分頃にポストに投函したことでした。

　これに対して、被告人らの反論は、監査官が主張するような不着事故は発生していない。この事件はそもそも監査官の、いわゆる「でっちあげ」事件だったとするものです。被告人らといいましたのは、被告人は全逓労働組合の組合員で、須磨郵便局の執行委員の立場にあり、また須磨は当時全逓の中でも強固な組織として当局と対立関係にあったことから、組合に対する弾圧事件だと位置づけていたからです。

　私は、この事件を捜査段階から担当することになりましたが、公判請求を受けてからは、佐伯千仭先生にお願いし、共同弁護人としてさまざまなご指導を受けることになりました。私が、刑事弁護の話を多少ともできるようになりましたのは、このときの先生のご指導の賜物以外になく、今も深く感謝しております。このことは、追々お話することになります。

第一審公判での証人尋問

　さて、第一審公判において、検察官はまず第１の郵便物の流れについて立証するために試験郵便物を投函した２名の証人を立てましたが、これに対する弁護人の反対尋問はほとんど成功しておりません。その結果、投函の日時、場所から推して３月16日の零時35分頃は局の取揃台に試験郵便物が存在したと推認されました。

　続いて監査官Ａとその補助者Ｂの証人調べが実施されました。

　Ａの証言は、試験通信を行った結果、不着郵便物に被告人が関与している可能性が強いこと、および３時10分頃の帰宅途中でポストに問題の郵便物２通を投函したことを目撃したとする事実です。

　これに対する反対尋問では、前者について試験通信の具体的な手法、右手法において遺漏欠陥の生じた通信物の有無、右手法から関与者を割り出す具体的手法、そして、これらの捜査方法を用いて須磨郵便局を対象とした調査結果のすべてなどを明らかにさせようとすることを骨子としました。しかし証人は、試験郵便物に紙幣を入れる、その紙幣にはアントラセン粉末を付着させ、この紙幣をポケットなどに入れると薬品が付着し、特殊光線をあてると蛍光色を発するという程度のことを明らかにしましたが、その余のことについては、「上司と相談のうえ答える」として証言を拒否しました。

　そこで弁護人は、裁判所に対して、監督官庁（近畿郵政監察局）に対して証言の承諾を求める申立をしましたが、局長名をもって、刑訴法144条但書にいう「国の重大な利益を害する」として不承諾の回答を提出してきました。

　この結果を受けて、裁判所はＡに証言をさせませんでした。

　私が、かくも強く試験通信にかかる資料開示を求めたのは、被告人は決して不着郵便物に関与していないという確信があったからで、この成り行きは残念でもあり、次の打開策に窮しました。

初めて知った海外の文献

　佐伯先生は、後進の教育という観点からですが、この事件の弁護の組み立て方、反対尋問のすべてを私に任せてくださり、もっぱら後見的な立場をとられ

ておりましたが、窮する私に「丹治さん、『ジェンクス法』を知っていますか」と聞かれました。この一言が次の展開へのアドバイスでした。

恥ずかしながら私は、「ジェンクス法」という言葉は初めて聞くものでしたから、早速さまざまな文献にあたってこの法律のことを調べるうちに、英国連邦最高裁の見解や、西ドイツ憲法にも触れることができました。

要するに、「政府は、被告人が無罪になるという危険を賭してのみ、その証拠の特権を主張できる」という思想であり、その帰結は、当然ながらAの主尋問についての証拠排除の申立をするというものです。

ちなみに、本件の原審は有罪（懲役8月、執行猶予1年）、控訴審は無罪として確定していますが、証拠排除の申立は、いずれでも認められておりません。しかし、私がこのときに受けた教えは、刑事裁判を担当するものは、すべからく「基本的原理」にわたった学習をしなければならないということでした。

余談ですが、この学習の過程で昭和33（1958）年に、最高裁判所事務総局が裁判資料として出したエドムンド・M・モーガンの『証拠法の基本問題』（刑裁資125号）を入手して読むことができましたが、裁判所が生き生きとしていた時代ならでの出版だと思います（人権侵害的な糾問的捜査手続に依存する公判手続の形骸化が強行されてくるのは、概ね昭和45〔1970〕年頃からと見られます）。

今の実務家はどのような学習をするのでしょうか。皆さんにお聞きしたいところです。

証拠排除の申立による無罪獲得

A証人に対する後者（目撃証言）への反対尋問は、あえて、主尋問に出たAの証言を固め、動かない証言とするものでした。その理由は後に述べます。

次にB証人における主尋問の立証は、もっぱら被告人を事件当日尾行した事実経過および被告人がポストへ郵便物2通を投函したとする目撃状況についてでした。

Bの証言は、同人の供述調書上の供述内容を、証言として正確に公判廷で再現するものでした。Bは証言に先立って、自らの供述調書を熟読してきたこと

がありありと見えました。

　そこで反対尋問のねらいは、この点に焦点を当てましたが、これがずばり的中し、さっそく証拠排除の申立をしました。なぜ証拠排除の申立が可能であるかについては、佐伯先生の編著にかかります『続・生きている刑事訴訟法』（1970年、日本評論社）の中で、すでに故毛利与一先生が明らかにされています。

　佐伯先生が中心となられて、学者、実務家を集められた「刑訴法研究会」が、昭和29（1954）年頃から始まったそうですが、そこで持ち寄った問題をテーマとして討議された結果の一部を報告されたのが『生きている刑事訴訟法』（1965年、日本評論社）であり、それに続いて出版されたのが『続・生きている刑事訴訟法』というわけです。

　私は実務家になってから何度も何度もこの2冊の本を読みました。現在は絶版になっているとのことですが、今も実務に役立つ貴重なもので残念なことです。

　その後、佐伯先生の傘寿祝賀論文集として『新・生きている刑事訴訟法』（1997年、成文堂）が出版されましたが、ここには私の「書証の同意」と題する拙い小論を掲載させていただき、恥ずかしくもあり、光栄にも思っています。

　話は少しそれましたが、原審はこの申立に対して、判決の中で「右供述調書の内容に影響されていることが同供述自体によって明らかである」場合、「証拠能力の確定していない供述調書の内容を引き写したおそれのある同証人の右供述部分は証明力は勿論、証拠能力も疑問である」と判示しました（判時793号109頁）。

　弁護人の主張どおりとはいきませんでしたが、この先例は、司法試験受験生のテキストにも掲載されるようになりました（別冊法学セミナー・司法試験シリーズ3版『刑事訴訟法Ⅱ』〔1995年、日本評論社〕41頁〔内田博文〕）。

判例を変えようとする気力

　私がここで教えられましたことは、佐伯先生が常におっしゃっておられる「判例と戦う勇気、判例を変えようとする気力」を持つべきだということです（佐伯千仭『刑事法と人権感覚』〔1994年、法律文化社〕）。

　確かに判例の壁は厚く、新しい主張をしても疲労感が残るだけかもしれませ

ん。しかし、あきらめてはならないと思うのです。

　私の一つの経験を申し上げますと、刑訴法321条1項2号書面の証拠調べ請求の時期的限界の問題です。

　ご承知のとおり、先例としましては最高裁昭和30年1月11日判決（刑集9-1-14）が「刑訴321条1項2号後段の調書の証拠調べをその証人の尋問期日の後の期日で行ったところで、憲法37条2項に反しない」というのがあります。私が昭和59年に神戸地裁で担当しました贓物故買罪の事件について、第一審の論告が予定されていた公判期日になって、検察官から2号書面の請求がありました。そこで、あらためて最高裁判例を読み直してみますと、「既に先の証人尋問に際し、反対尋問権の行使の機会が与えられているに止まらず、記録に徴すると充分に反対尋問が行われている」ことを前提として、第7回公判で取り調べた証人の検察調書を第8回公判で2号書面として取調べ請求をすることを可としたものでした。

　そこで、躊躇することなく、時期に遅れた請求であるとして却下を求めましたところ、裁判所は却下決定をしました（神戸地判昭59・3・8公刊集未登載）。そのときに組み立てた法理につきましては、季刊刑事弁護№9（拙稿「『検面調書』にどう対応するか」）に書いておきましたのでご参照ください。

　そして、最近、村岡啓一弁護士が渡部保夫先生古希記念論文『誤判救済と刑事司法の課題』（2000年、日本評論社）287頁の中で、同弁護士が担当された「カブトデコム手形偽造事件」（判時1620-19）を通して、「2号書面の証拠調請求の時期的限界」という論文を発表されておられます。たいへん役に立つものですから、ぜひあわせてお読みください。

　やはり、判例は、少しずつでも動くものだと思います。

事件から学んだこと

敵性証人に対する反対尋問

　さて、監査官Aとその補助者Bにおいて、被告人が郵便局内で窃取したとされる本件郵便物2通をポストに投函したとする目撃証言についてですが、A・B

とも、目撃内容として「2つ折にした白い封筒2通を背広上衣から取り出した。青色の切手が貼ってあるのが見えた」とするものでした。

　しかし、私は、公判準備段階から何度も現場を踏んで、A・Bが目撃したとする地点からモデルを使って検証してみましたが、目撃内容にかかるような事実の目撃は不可能であることを確認していました。そこで反対尋問では、A・Bが目撃したとする位置、目撃状況、目撃内容を、まるで主尋問と同じような手法で固め、事後に訂正できない方針をとりました。これは弁護人として相当に勇気のいることです。

　私の修習時代は、高野山で夏期研修が実施されていましたが、当時、教官であられた大野正男先生から、反対尋問の技術について素晴らしい指導を受けました。先生が実際にご担当された競輪場で発生した窃盗未遂事件をテーマとしたものでしたが、被害者が警察官であり証人として登場します。いわゆる敵性証人に対する反対尋問です。

　裁判官役、検事役、証人役はあらかじめ大野先生と事前打合せをし、弁護人のみは供述調書類しか渡されておらず、とりわけトレーニングされた証人は、弁護人の反対尋問によってその証言が左右されます。反対尋問はすべて録音テープにとり、尋問終了後、録音テープをとき起こしつつ、尋問の1問1答について、先生から、なぜこのような質問をしたのか、どう質問すべきであったかという指導を受けるものでした。

　私は幸いにも弁護人役にあたったものですから、いわばマンツーマンのご指導を受ける結果となり、まさに「目から鱗が落ちる」というほどの感銘を受けました。修習生に対するひとつの指導方法として参考になるのではないでしょうか。

　私がA・Bの反対尋問で勇気を持ちえたのは、大野先生から受けた教えが支えとなりました。これらの教えから学びました私の考えます「有効な反対尋問の方法」については、前掲の『実務刑事弁護』296頁の中で触れておきました（改訂の必要はありそうですが）。

反省点

　ところで、この勇気は大きく空回りをすることになります。弁護人側の証人とし

て、第三者（被告人の同僚）の協力を得て、任意で検証した目撃状況についての証人調べを行いA・B証言を完全に破ったつもりでした。しかし、原審判決は、目撃は否定せず、A・Bの目撃証言は前後の認識を総合して付加潤色する勇み足があったと解する余地があるし、被告人がポストに郵便物を投函したこと自体は認定しうるとしました。

　ここに大きい問題があったのです。といいますのは、弁護人らの間で、原審において2つの裁判上の現場検証の申立を検討していました。1つは、須磨郵便局取集2号便で取り集められた普通郵便物（本件郵便物が含まれていたとされる）は、日常的に局内の普通郵便取扱室にある取揃台の上に運ばれ、直ちに取揃え、消印、差立の作業が行われ、この作業を被告人とは別な職員3名で、かつ約15分くらいで終了しており、窃盗の機会がないことの状況についての検証、もう1つは、A・Bの目撃内容に従った事実関係の検証です。

　しかし、最終的に検証の申立をしないまま結審しました。結果から見て弁護方針としての反省材料ですが、実は、被告人は犯行の時とされる時間帯に、書留郵便取扱室で書留等特殊郵便物の処理にあたっていたという「アリバイ」があり、この「アリバイ」は客観的物証および人証によって、裁判上、裏づけられていましたので、よもや有罪認定には至らないと判断したことが結果的に誤りとなりました。

　もっとも、佐伯先生は検証の申立をご主張されていたのですが、原審裁判官はたいへん良心的な裁判官で、法廷から伝わる心証も無罪への確かな手ごたえがありましたし、真近に転勤を控えているらしいという情報に接したために、この裁判官のもとでの判決をあえて求めたのです。

　しかし、判決では「アリバイ」についてもこれを「相対的」なものとして排除しました。

3つの教訓

　事件から学んだことの第1は、審理途中における裁判官の交代への対応です。裁判官の転勤によって、審理途中での裁判官の交代を余儀なくされることにしばしば出会います。弁護人は、自らの体験や仲間たちの情報を通して、担

当裁判官の気質や判決の傾向を知っています。俗っぽくいえば、「よい裁判官」と「悪い裁判官」を識別しています。「よい裁判官」が途中転勤となりますと、どうしても審理を急ぎ判決を得たいというのが人情です。しかし、本格的に争っている、いわゆる否認事件の場合には、よほどのことがない限り、裁判官の交代に接して弁護方針を変えてはならないということです。

　第2は、現場検証の問題です。この事件でも先に申しました2つの検証の申立を自己抑制しました。実は、裁判官の転勤の問題だけではなく、実務上、時間的制約から裁判官が検証を嫌うために、弁護人も妥協するというところがあります。しかし、検証が必要と判断される場合には、妥協してはならないということです。

　最近出版されました『田宮裕博士追悼論集　上巻』(2001年、信山社) 133頁に、東京高等裁判所判事であられた木谷明判事が「事実認定適正化の方策」と題する論文（木谷明『刑事裁判の心──事実認定適正化の方策』〔2004年、法律文化社〕に収録）を出されておりますが、その中で、関与された主要な事件処理の事実認定に関して痛感した事項の一つとして「適正な事実認定をする上では検証がきわめて有用である」との指摘をされておられます。裁判を主宰する側からも、検証はやはり大切な証拠調べであることがわかります。

　脱線しますが、木谷判事が、すばらしい刑事裁判官であられたことに異論を唱える人は、およそいないはずです。ご承知だと思いますが、木谷判事のご尊父は有名なプロの囲碁棋士であられた方ですが、私と木谷判事との手紙のやりとりで、たまたま私の実家の菩提寺の広間にあげられている「仁風」という言葉が好きだということを書きましたら、先生のご尊父の書かれた「仁風」の色紙が残っているということで、さっそく送っていただき、今も大切にしております。木谷判事は、前掲論文に続いて「刑事事実認定適正化方策パートⅡ」を判例タイムズ（1084号）22頁で発表されています（同書に収録）。手ごろな文献ですので、ぜひお読みください。

　本件事件の2つの検証申立の件ですが、控訴審において請求をし、採用され実施されました。控訴審判決の結論は無罪でありますが、無罪の結論は被告の「アリバイ」成立によってではなく、検証による結果導き出されたと見てよい

と考えます。

　また少し脱線して申し訳ありませんが、控訴審での裁判長は、私が神戸地裁での実務修習でご指導いただいた八木直道先生で、先生からもいろいろなことを教えていただきました。退官後、神戸で弁護士をされておられ、引き続きご教示を受けました。現在、ご健康上のことで弁護士をお辞めになられましたが、寂しい限りです。

　第3は、「アリバイ」を防御の中心に置く場合の問題です。「アリバイ」が立証できれば、事件は完全に崩れると考えがちです。しかし、「アリバイ」といいましても、客観的に人違いであったとか、犯行時間が動かず、かつその時間帯に外国に出張していたなどという、捜査機関がどのような圧力を加えようとも明白に成立する絶対的なものもありますが、これらはレアケースで、通常は本件事件の「アリバイ」のように、普通郵便物が取揃台に運ばれ作業が行われている間、すなわち犯行時間帯と推認された時間に、被告人はまったく別の場所である書留郵便取扱室で特殊郵便の処理にあたっていたというような類のものです。

　特殊郵便物は、現金書留や内容証明郵便などを処理しますので、取扱室は隔離されておりまして、その実体を知る人にとっては、むしろ絶対的アリバイに近いのです。しかし、原審ではアリバイの成立を否定しました。判決を分析しますと、被告人が犯行に及ぶ可能性のある時間は、わずか1分～2分のことになってしまい、状況から絶対的に不可能なことでした。それでも「アリバイ」を相対的なものとしたのです。

　刑事裁判は、自然科学の世界の事実と異なって、相対的な過去の事実を探求する作業で、しかも検察官の主張した公訴事実が、検察官の明示した証拠によって明白かつ疑いなく証明しうるか否かを吟味する作業であるといえますから、弁護人としてはなによりもその作業に全力を傾注すべきであって、「アリバイ」の成立を防御の中心に据えることは決して得策でないということです。「アリバイ」の成立をことさら強調しますと、立証の土俵が被告人側に移ってしまい、思わぬ結果を招くことがあります。

　弁護人として、被疑者が捜査段階で「アリバイ」があると主張した場合にどのような対応をとるべきか、そして公判になって「アリバイ」を主張する場合の留

意点などにつきましては『実務刑事弁護』の中で、奈良弁護士会の高野嘉雄弁護士が詳しく論述しておりますが、実務上、すぐれた内容であると思いますので、具体的事案にあたる際には参考にしていただければと思います。

捜査弁護は刑事弁護活動の要である

　最後に、神戸須磨郵便局事件を通して、刑事弁護の要は捜査弁護活動であるということを申し上げたいと思います。

　私は、この事件を冤罪事件であると確信していました。検察官に対して勾留請求をせず、在宅での取調べを申し入れましたが、被疑者が否認していたことから勾留請求となり、勾留決定がなされました。

　しかし、私の疑問はいったい勾留を認めるに足る嫌疑があったのかということであり、いったいその証拠は何かということでした。どう考えても納得できないし、考えれば考えるほど「わな」ではないかと思わざるをえませんでした。そこで勾留理由開示を請求しました。この勾留理由開示裁判において求釈明の的を犯罪の嫌疑を認めるに足る資料は何かという点に絞りました。

　勾留裁判官は、私とも比較的懇意であった小川良明判事補でした。小川裁判官は求釈明に対して丁寧に釈明に応じてくれました。これは理論上の問題もさることながら、裁判官の良心であったといえます。

　さて、それによりますと被疑者が郵便局内で窃取したとされる直接の証拠はない。しかし帰宅途中、被疑者が２つ折りの郵便物の封筒をポストに投函したので、これを尾行中の者が目撃し、臨時開函したところ窃取されたとされる他人の郵便物であった、したがって被告人が窃取したと考えるほかないということでした。

　これを受けた私の疑問点は、臨時開函をできる地位にあるものが目撃者であることは推認しうるが、その者が被疑者を尾行していたものということにならざるをえず、それはいったい誰かということであり、そのことを重ねて求釈明しました。さすがにすぐ釈明に応じてくれませんでしたが、「氏名はともかく監察官か須磨郵便局内の人間かいずれかくらいは開示すべきである」と申し立てますと、最終

的には監察官であることが明らかにされました。さらに被疑事実の裏づけ資料は目撃者の供述が中心かと聞きますと、「そうだ」と答えられたわけです。

そこでさらに「目撃者の供述が資料の中心ということは、問題とされる2通の郵便物から被疑者の指紋は検出されていないのか」という趣旨のことを質問しましたら、裁判官はあっさりと「私も勾留裁判のときに気になったのでそのことを質したら、そのように答えていた。現在の捜査資料によっても明らかになっていない」という趣旨の答えをされました。

この事件は、後になってこの開示法廷でのやりとりが、被告人を救済する一つの重要な決め手となったのです。この勾留理由開示後、速やかに勾留取消請求をしましたが、その結論が出ないうちに検察官が起訴しました。しかも恐るべきことに、2通の郵便物から被告人の指紋が検出されたという証拠を添えてでした。

しかし公判の場において、手紙の指紋は、勾留開示法廷以降、保釈までの間に監査官が被告人に対しさりげなく2通の郵便物を指して、それを手にとらせた後、あらためて鑑識に回したものであることが認められました。

この事件の証拠調べが開始された頃、小川裁判官はすでに福岡地裁に転勤されておりましたが、弁護人申請の証人として出廷され、先の開示法廷でのやりとりを証言くださり、判決では指紋の点が証拠から排除されています。現在、小川さんは静岡で弁護士をされておられますが、裁判官としての勇気こそが被告人を救ったといって過言ではありません。

そして私は、刑事弁護の要は捜査弁護にありということを痛感しました。この事件も含めて、私の経験した事件を紹介した『捜査弁護の技術』(兵庫出版サービス)という小冊子を昭和60(1985)年に出しました(現在は絶版)。「捜査弁護」というのは、その際に私のつくった造語ですが、今は普通に捜査弁護という言葉が使われています。

ともあれ、捜査弁護こそは刑事弁護活動の中核であることを申し上げ、とりあえず私の話を終わりたいと思います。

補説

　本稿は、兵庫県弁護士会において、平成15(2003)年1月24日に実施された「新人会員研修」での講演であり、「新しく弁護士になられた方々へ」と題して、同弁護士会「刑事弁護ニュース」(2003年3月1日号)に掲載されたものを「改題」して序論にかえた。

　その後、前掲の「刑事弁護ニュース」をご覧になったとのことで、佐伯千仭先生から心温まる励ましのお手紙をいただいた。あらためて先生に感謝申し上げますとともに、ご健勝をお祈りいたします。

第2章　捜査の構造論について

「捜査弁護」のこと

　「捜査」という概念は、本来的には、捜査機関による犯罪探索活動とその結果に基づく処分を指すといえます。が、一方被疑者・弁護人もこれに抗した活動をすることになるわけですから、捜査段階における活動を、私は「捜査弁護」と呼んでおります。正確にいいますと「起訴前弁護活動」というべきなのかもしれませんが、実務の現場では、「捜査弁護」と表現したほうが歯切れがよいし、弁護人も主体的に捜査に関わっていくべきである弁護活動のあり方になじむ表現のように思えるからです。

　さて、これから「捜査弁護の技術」について考えていくにあたって、いわゆる「捜査の構造論」について触れてみたいと思います。もとより実務家の手におえる課題ではありませんが、あえて背伸びをして、誤っているかもしれませんが、私なりの整理をしたうえで、考えているところを申し上げます。

弾劾的捜査観と糾問的捜査観

　ご承知のとおり、昭和33（1958）年に平野龍一教授が、捜査の構造論につき、弾劾的捜査観と糾問的捜査観という対照的な2つの基本的類型があるということを明らかにされました。そしてわが法は、結果において、2つの形態の接近した構造がとられているとも指摘されました[1]。

　平野教授の見解を受け継ぎ、さらに弾劾的捜査を発展させたというべき田宮裕教授も、全体として大陸法の上に英米法の制度を移入した混血児であり、捜査の構造も両者の混合形態であると見るべきと説明しております。そして糾問方

式を懲表するものとして、捜査機関による逮捕、勾留の権限、被疑者の取調権、弁護人に対する接見交通の指定権がある。弾劾的方式を懲表するものとして、強制捜査に対する令状主義の原則、被疑者の包括的黙否権、弁護人選任権および弁護人との接見交通権の保障、伝聞証拠の排除などがあることを例示とされておられます。

基本的にどちらの捜査観をとるかによって、個々の規定の解釈に大きな差異が生まれるわけですが、同教授は弾劾方式こそ、わが法の目指すべき捜査のあるべき姿であるとの考え方に立っての法解釈に加え、改革の方向づけとしての具体的方策をも提唱されております[2]。

ここで提起されています方策は、今日なお未解決のままであり、立法論も含めた課題として残されていますので、参考までに引用させていただきます[2]。

まず逮捕、勾留についてですが、勾留請求までの逮捕の許容時間を先進国並に、不合理な遅滞のない程度である最大限24時間に制限すべきこと、勾留期間もできるだけ短縮すべきこと、勾留質問に弁護人の出頭を認めて当事者公開し、司法手続化に努めるべきこと、また問題となる別件逮捕に対する勾留請求の却下、違法拘禁中の自白の排除などの司法上の制裁などを挙げ、さらに取調べについては立法論として逮捕後の国選弁護人を認め被疑者との自由な接見交通を許し、そのうえでの取調べを合法化すること、逮捕後の手続と取調べの状況につき正確な記録を残し、取調べは録音または速記とすること、取調べの方法自体について詳細かつ厳格な細則を作成し、その方式違反は自白の排除法則で制裁することなどの提案です。正確なところは直接、田宮裕著『捜査の構造』(1971年、有斐閣)をお読みいただきたいわけですが、大切な視点は、捜査手続上の諸問題を検討していくうえで、これらの提案を可能な限り実務上の解決に取り込み運用していくことですし、糾問的捜査方式を克服し弾劾的捜査方式に基づく起訴前システムの構築を目指す努力の必要があろうと思います。

訴訟法的捜査構造論

さらに、捜査の構造論については、井戸田侃教授のとる「訴訟法的構造論」

というべきものがあります[3]。

　井戸田教授の見解については井戸田侃著『刑事手続構造論の展開』(1982年、有斐閣)をお読みいただき詳細を把握していただきたいのですが、教授によれば、弾劾的捜査観は真の捜査構造論ではないと批判し、2つの構造論の対立を問題にしてみても、そこからなんら問題の解決と直接結びつく結論を導き出すことができず、構造論を立てた意味自体を失わしめると主張され、捜査の構造は、基本的には公訴官たる検察官をはさんで捜査の第一次的機関である警察と被疑者・弁護人が対立する三者間における一種の「訴訟」的構造をとるものであると解されておられます。

　そこで問題の重点は、田宮教授も指摘されているとおり、「捜査手続の法的性格ないし地位の問題」ということになろうかと思います。言い換えれば捜査手続の意義をどう捉えるのかという問題であり、細かくいえば、捜査の主体は誰であり、その目的は何かという問題に帰着することになろうかと思います。そこで私なりの理解によって考え方の整理をしたのち、私の意見を申し上げます。

　まず、糾問的捜査観をとる考え方に立ちますと、捜査手続の主体は捜査機関のみであって、被疑者はあくまで捜査の客体ということになり、その目的は捜査機関が一定の事件につき、公訴の提起および公訴の遂行のために行う、被疑者・参考人らの取調べ、資料の蒐集・調査であるということになりましょう。したがって当然被疑者の取調べ受忍義務を認めるということになり、勢い逮捕や勾留などの強制処分も取調べのためのものであるということが強調されてくるといえます。

　これに対して、弾劾的捜査観をとる考え方に立ちますと、捜査の目的は捜査機関と被疑者・弁護人による、それぞれ独自の公判準備活動であるということですから、手続の主体も捜査機関と被疑者・弁護人の両方ということになろうかと思います。したがって被疑者の取調べ受忍義務は否定され、強制処分は将来行われる裁判のために裁判所が行うだけのものであると説明されます。

　この2つの考え方は、捜査目的が公判の準備にあるという位置づけをする点については共通しているといえますが、井戸田教授は、捜査手続が公判手続の準備段階であるという前提に疑問を投げかけ、捜査手続は、「起訴、不起訴を決定するために嫌疑の有無ならびに情状を明らかにすることを目指して行われ

る一連の手続である」と考えておられます。したがって捜査の目的は起訴・不起訴の決定にあるということが強く主張されることになり、捜査の主体は第一次的には捜査機関にあるものの、被疑者(弁護人)も捜査の主体となり、被告人とほぼ等しい法的地位が承認されると説明しておられます。

以下、自信のないままに申しあげますが、井戸田教授の考え方に立ちますと、起訴便宜主義の果たしている役割を評価するということになり、さらに人権保障の観点から検察官の司法官的性格を強調することになりましょう。そのうえで、捜査手続の重要性・手続の独自性・完結性を求めることになり、その目的も公判の準備であるより、起訴・不起訴の決定に重点が移されてくることになります。

そこでこの見解に対して、主として弾劾的捜査観をとる論者から、検察官の客観義務論は職権主義的訴訟構造の産物であり、検察官のかかる義務を訴訟理論の中に位置づけ強調することは捜査を糾問化するものである、また起訴猶予制度を高く評価することには疑問がある等の批判が投げかけられ、「修正された糾問的捜査観」であるとまでいわれております。かかる批判は的外れであると考えますが、いずれにしても公判中心主義・権力分散主義を中核とした刑事司法の発展をめざすという立場からの批判は残ります。

田宮教授も弾劾的捜査観は、糾問的捜査観が予備裁判主義・権力集中主義・職権主義をとるのに対して、公判中心主義・権力分散主義をとるものであり、その帰結としてこそ被疑者の取調べ義務の否定、逮捕状・勾留状を許可状であるとすること、接見交通の自由・捜査段階の国選弁護人制度の保障といった問題が導き出されるのだとしております。

しかしながら、実務の現場から見るとき、弾劾的捜査観のとる「モデル論」は、現実の実務との間に大きい「乖離」があり、必ずしも同意しきれない限界があると思っています。以下、私の感ずるところを若干話してみます。

実務から見た捜査手続論

不起訴にすることの重要性

第1は、私たちが現実に生きた事件を担当していますと、被疑者の最大の思

いは起訴されたくないということです。

　起訴された者の運命は、起訴というその事実のみによって、自らの生活も社会的地位もすべて失うことになるという現実と直面します。わが国において、このことからくる重圧がいかに深刻なものであるかという事実をどう考えるかです。

　確かに、わが国の歴史的経緯から「捜査中心主義」という旧態依然とした司法の現実を変革することは重要な課題であり、弾劾的捜査観の提示した理論はすぐれて魅力的でありました。しかし、ここからくる「あっさり捜査・あっさり起訴」論は、弁護実務の現場からは到底受け入れることのできないものです。

　私はその意味で、素朴に井戸田教授の見解に共感を覚える一人であります。が、訴訟的捜査観を選択するためには、たとえば検察官の客観義務の問題・起訴便宜主義の評価をめぐる問題・さらには警察と検察との関係をどう考えるかという問題などについて、さらに詰めて議論しなくてはならないことを承知しております。

　しかし、到底、実務家のよくするところではありませんので、2～3事例を申し上げたうえで、さらに私の考え方を付加します。

　1つの例は、古い事例で恐縮ですが、私の結婚式の前日に被疑者が釈放されたという思い出深い事件のことです。昭和48（1973）年10月、ある男が詐欺罪で逮捕・勾留されましたが、容疑は喫茶店経営のために金融機関から事業資金を借り入れ、分割弁済の約定であったにもかかわらず、まったく弁済しなかったというものです。当時、暴力団が金融機関から事業資金名下に金員を借り入れ、現実には組の活動資金として使われているという実態が社会問題として報道され、兵庫県警はそれらしき者に対し一斉に強制捜査に及びました。私の担当した被疑者も金員の借入れ時は組員であったため網にかかったわけです。

　しかし少し事情が異なっていまして、彼は現実に喫茶店を経営し、むしろ正業を持ち足を洗うべき努力をしていました。約1年間に及ぶ分割弁済を怠ったのは商売自体が充分軌道に乗っていなかったためであること、さらにこの借入れにはお姉さんが連帯保証人となっており、この方には相当な資産があるのに、金融機関はなんら連帯保証人に対する催告をしていなかったのでした。それに

もかかわらず警察の要請で金融機関から被害届を提出させたという強引な捜査でした。私は、このお姉さんの依頼で弁護人となり、被疑者に対しては完黙方針を指示し、一方、客観的データを集め、担当検察官と交渉しましたところ、独自に裏づけをとられたうえ信用あるものとして処分保留のまま被疑者を釈放し、事後に不起訴処分としました。この間身柄はほとんど警察の手にあって、捜査は詐欺の故意につき自白を迫るということに終始していたようであります。

次に同年代頃発生した放火事件の例では、被疑者がまず脅迫罪として別件逮捕されたうえ、放火の被疑事実についての追及を受けました。被疑者は国家公務員でしたが愛人関係のもつれが動機とされており、どろどろした事件でした。そして捜査中に現場付近から放火のために利用したマッチ箱が収集されたとして、これが物証として検察官に提出されました。しかし弁護活動の中で提出したマッチは、実は警察が事後に被疑者の自宅から持ち出したものであるという恐るべき事実の確証がとれましたので、その旨検察官に申し入れましたところ、自ら警察官を厳しく追及された結果、弁護人の主張を認め、嫌疑不十分として放火につき不起訴処分とし、脅迫罪のみ起訴しました。のちにこの脅迫罪にも、脅迫したとされる日時に公務のため出張中であったというアリバイが発見され、無罪が確定しました。

さらに、昭和56（1981）年12月に、加古川市役所内で発生した公務執行妨害等の被疑事件のことです。事案は、年末一時金支給に関する予備折衝中、折衝にあたっていた市職員労働組合の書記長が総務部次長に対して机を押しつけ公務を妨害したというものでした。この詳細につきましては加古川市職員労働組合の発刊にかかる『弾劾に屈さず』という記録集に私も一文を寄せましたのでこれをお読みください[4]。この事件について検察官は、弁護人の主張と市当局＝警察の主張とを科学的鑑定に委ねて判断するという異例ともいえる方針をとった後に、不起訴処分としました。

この間にも、同じように弁護人から検察官に対する働きかけによって客観的真実が発見され、不起訴処分となった例は、私の経験したものでも多くあります。

たとえば昭和52（1977）年の神戸市東灘ガス爆発事件では、神戸市職員の

現場監督責任が問われましたが、詳細な意見書を作成して、捜査段階において検事正宛てに提出し、不起訴処分に持ち込みました。

大阪の天六事故や東京の板橋の事故が現在なお長期にわたって裁判中であることを思いますとき、捜査弁護の重要性を強調することは実務者として当然のことであると考えますし、そのほか公務員である組合員の労働刑事事件、あるいは交通事故による業過事件が、身分との関係で慎重に捜査されたことによって不起訴処分となったことの経験から見て、刑事事件は公判段階より、むしろ捜査段階において決定づけられる。それゆえに、公判段階以上に捜査段階での弁護人の存在の重要性が指摘されてしかるべきではないでしょうか。

とりわけ被疑者が公務員である場合など、公判請求を受けることによって当然に起訴休職処分あるいは懲戒処分となり、致命的マイナスを蒙るわけですから、現行の実務の中にあって、捜査の終結処分である検察官の起訴・不起訴のふるい分けの機能は重要であり、弁護人の検察官に対する捜査弁護活動としての働きかけの意義が強調されてしかるべきであります。

もっとも、これまでの例はこのことがよく機能した例ですが、検察官の起訴・不起訴の決定が政治的あるいは行政的性格を持つことは実体上否定すべくもなく、また検察官の客観的義務をあまり強調することは、起訴された以上有罪であると推定される現実の潮流を増長することとなる危険性があることも考えておかねばなりません。先に挙げました「神戸須磨郵便局事件」は、実は弁護人の働きかけに対して検察官がまったく無力であり、第一審裁判所は、起訴＝有罪推定を持ったケースでした。

それにもかかわらず現存の法体系が起訴便宜主義を採用している以上、第1次的な検察官の持つふるい分けの機能は重要であり、現に事例を挙げさせていただいたように、被疑者が間違って訴追を受けないというデュー・プロセスが検察官の手によって実現することの可能な現実があるという法運用の実態を簡単に斬り捨てることはできないというべきではないでしょうか。

もっとも、今後さらに法運用の実態を経験則的に分析すること、そのことと合わせて検察官の司法官的性格が人権保障の観点からどのように担保されるか、担保される方策は何か、などについて検討されねばならないと考えます。

なお、私の引用した経験例は、勾留請求が却下されたことによって、検察官において慎重な捜査を尽くす結果になったものが含まれています。その意味でまったく触れてきませんでしたが、捜査段階において果たす裁判所の役割も極めて重要であり、私たちはいわゆる令状裁判官のあり方についても徹底して現状批判を展開していかねばなりません。

　「捜査」は、この2つの課題を果たすときにのみ、よく活性化するといって過言でないと考えております。

弾劾的捜査観

　第2に、弾劾的捜査観は、小田中聰樹教授の指摘を拝借しますと、憲法と刑訴法のギャップを基本的人権を究極的イデオロギーとして憲法レベルまで引き上げる体系的理論として発展させ、政策的解決にまで迫ろうとしたもので、井戸田教授の「構造論を立てることの意味を失ったものである」という批判は必ずしも当たっていないように思います。

　しかし問題は、平野・田宮理論の実践への適応力ということです。平野教授は「学説の役割は、裁判官に働きかけて法をつくらせることにある」[5]と言っておられます。

　また、田宮理論の背景にあるものも、裁判官に対する信頼を前提として、判例による法形成によって個別的実務上の課題の解決を図るという手法をとられているものと理解できます。

　そうであるとしますと、ここにこの理論の「限界」を感ぜざるをえません。

　裁判官は、どうしても条文解釈と先例（既存の判例など）との整合性を図ることにこだわり続けますし、またその体質と相俟って、その時々の時代の流れに左右され、実務を改善させる力が著しく弱いものとみざるをえません。実務の現状がほとんど動いていないことが、なによりの証左ではないでしょうか。

　さて、そうしますと、私たちは何をすべきかということですが、つまるところ、自らが担当する事件を愚直に一つ一つ全力を挙げて取り組むこと、その中できっと見えてくるでありましょう不合理や不条理について、法廷の内外において訴え続けること、そこにこそ光明を見出しえないかと思います。

そして、学者の方々の指導や協力のもとで「生きた刑事訴訟法」を実践の中で作っていくことの必要性を痛感してやみません。

補説

本稿は、兵庫県弁護士会（当時「神戸弁護士会」）の私の所属する会派である「くすのき会」の勉強会における報告に若干加筆したうえで、昭和60（1985）年2月、丹治『捜査弁護の技術』に収録したものを、ほぼ原文どおり掲載した（ただし、構成を修正）。

1985年当時の状況は、いわゆる「弁護人抜き法案」が出た後で、裁判所の姿勢も相当に硬直していたように思えて、ひどく気負って報告したことを思い出す。ただ、私としては、わが国における現行の刑事手続を前提とする限り、検察官の訴追裁量を承認したうえで、被疑者への刑罰適用をできる限り回避しなければならない社会的状況があるという実務経験から、井戸田説に立って「捜査の構造」を考えてきた（なお、基本書として1993年3月に、井戸田教授の『刑事訴訟法要説』〔有斐閣〕が出版されている）。

もっとも、第1章で明らかにしたとおり、私は体系的に刑訴法を学んだことがなく、未熟で恥ずかしい限りである。が、このときの思いは、約10年後に発刊されることになった「季刊刑事弁護」の創刊号（1995年）での特集「21世紀の刑事弁護と『刑事司法改革』」の中の座談会における私の発言を読み返してみると一貫して持ち続けてきたことがわかる。

そしてこの間、平野博士が日本の刑事裁判を「かなり絶望的である」と診断したのは1985年、松江で開催された日弁連の人権シンポで「刑事弁護強化の決議」がなされたのが1989年、そして兵庫県弁護士会（当時は神戸弁護士会）が刑事弁護センターを設立したのが1990年7月、「刑事弁護センター通信」の第1号の発刊が1991年5月であった。その発刊にあたって、私は「刑事公判における審理の実情が『捜査における検察官の主観（結論）の追認と相場に従った量刑作業という非訴訟手続に終っている（谷口正孝「法服を脱いで」ジュリスト881号）』という現状を刑事弁護の角度から改革をはからんとする出発である」

と書いている。これまでの思い出の記録として掲載をすることにした。

その後、平野博士は前掲「季刊刑事弁護」創刊号において、次のような注目すべき意見を述べられた。

「検察官と弁護人との話し合いによる事件の解決が可能であろうことをあげなければならない。これは、これまでのわが国ではあまり考えられていなかったことであるが、被疑者の弁護制度が強化されるにつれて、多かれ少なかれこのような事態が表に出てくると思われる。

周知のように、アメリカでは、検察官と弁護人との間で、plea bargainが行われる。被疑者が軽い罪（例えば傷害致死）を認めることによって、重い罪（例えば殺人）による起訴を免れるのである。これは、重い罪の嫌疑がかなり大きい場合にも行われるので、「取引」という色彩がかなり強くなる。しかし、被疑者の弁護人が十分に被疑者と話し合う時間をもち事案の真相を知ることができるならば、検察官と話し合い、取引ではなく、双方納得のうえ、傷害致死として事件を解決することができるようになるであろう。この場合、傷害致死で起訴されると、裁判所では、アレインメントに近い簡単な手続ですむことになる。最近はドイツでも、話し合いによる解決がある程度行われているようであるが、これも右のような性質のものだと思われる。

このようにかなりはっきりした場合でなくとも、捜査の段階で弁護人が被疑者と接触していれば、弁護人は事件の概要を把握しているのであろうから、起訴後に選任された場合と比べると、迅速に準備ができるであろうし、公判回数も少なくてすむかもしれない」。

また、渡辺修教授は、1994年、当会刑事弁護センターでの講演において、「司法の裁量による『適正手続』から被疑者の『包括的防御権』へ」と題する新しい視点に立った見解を明らかにされている（1994年3月、刑事弁護センター通信8号1頁）。

やはり時代は動いていると感じる。

[1] 平野龍一『刑事訴訟法』(1958年、有斐閣) 83頁以下。
[2] 田宮裕『捜査の構造』(1971年、有斐閣) 168頁以下。

［3］　井戸田侃『刑事手続構造論の展開』(1982年、有斐閣)21頁。
［4］　「一つの証言」加古川市職労編『弾劾に屈さず』(1982年)。
［5］　平野龍一『刑法の基礎』(1969年、東大出版会)243頁。

第3章　捜査弁護の技法について

はじめに

　刑弁センターの方から、「捜査弁護の技術」について、主として若手弁護士の先生方を対象として話をせよということでした。しかもできるだけ具体的にという注文がつけられています。
　最近はあまり刑事事件を担当しておりませんので、果たしてお役に立つかどうか自信がありません。が、ご趣旨に従って、私が担当した比較的新しい事件を素材に事実関係を修正したうえで、あらかじめ設問として提出しておきましたので、これに則して、皆で一緒に考えていくことにさせていただきたいと思います。
　提示しておきました〈事案〉と〈検討課題〉は次のとおりです。

〈事案〉
1　甲株式会社（代表取締役・甲）はM市において、ゴルフ場の開発をすすめており、ゴルフ場用地の買取りを平成14年7月までに了した（なお、甲会社の決算期は平成14年9月である）。
　　各地権者との取引価格は、並べて3.3平方メートルあたり金10万円であったが、乙のみの売買契約は3.3平方メートルあたり金15万円であった。
　　乙はM市に勤務する地方公務員で、しかもM市の都市整備課に所属していた。
2　甲会社の代表者甲は、H警察刑事2課から、平成14年11月1日の朝に、当日の午後から任意出頭する旨の要請をその前日（10月31日）に受けた。
　　嫌疑は、甲会社が乙から他の地権者より高い価格で乙所有地を購入したことが、汚職の罪になるのではないかというものであった。

3　甲は、平成14年11月2日朝に出頭し、当日から4日までの3日間にわたる取調べを受けた。そこでの調べは午前9時から深夜まで及び、もっぱら甲に対して、乙からゴルフ場開設の許可申請にあたって便宜を図ってもらう目的で、高い価格で所有地の買取をしたものであるとの自白を求めるというものであった。が、甲は一貫して否認した。

4　H警察は、平成14年11月5日午前、甲と乙とを逮捕し、11月6日には、甲乙いずれも勾留決定がなされた。

　　甲は、逮捕に対して強い怒りを覚え、以降黙秘を貫いていた。一方、乙は否認している。

5　弁護士Aは、甲会社の甲が任意出頭を受けた段階から相談にのっており、刑事事件として発展する場合には、当然に弁護人となる旨の依頼を受けていた。

　　弁護人Bは、乙が勾留された日から乙の弁護人に選任された。

〈検討課題〉

　A弁護人として、以下の課題について検討すること。

1　甲の任意取調べの段階において、いかなる弁護活動をなしうるか、また、なすべきか。

2　甲の勾留に対して、どのような弁護活動をなしうるか、また、なすべきか。

3　甲は、黙秘を貫いているが、勾留質問において、あるいは今後の勾留の継続に対して、どのような方針をとるべきか。

4　11月11日午前11時に甲との接見を検察官に求めたところ、検察官が「甲と乙とが会食をした裏づけ証拠を入手したところであり、今日は午後1時から取調べ予定である。11月12日の午前中に接見してください」と指定した。A弁護人はどのような対応をとるべきか。

5　A弁護人は、11月12日に甲と接見をしたが、その結果によると「甲と乙との会食は事実であるが、たまたまM市の健康ランドでばったり会ったので、夕食を共にした。2人分の費用はわずか1万円であったので甲が支払った。しかし、警察はどうせ罰金で出られるから、すべてを早く認めたほうがよい。この

ままでは保釈もとれないと言われた。もう真実に反するが、認めてもよい」と弱気になっていた。A弁護人はどのようなアドバイスを、そしてどのような対応をとるべきか。

否認事件と弁護活動

　本件の事案は、いわゆる「否認事件」のひとつといえます。
　単純に否認事件と一口に言いましても、そこにはさまざまな類型が見られます。その類型を整理してみますと、概ね次のようになろうかと思います。
①えん罪主張型……たとえば、人違いである、アリバイがある。
②趣旨否認型……たとえば、会社を分割させたが、強制執行を免れるためではない。
③犯意否認型……たとえば、傷害は負わせたが殺意はない。
④虚偽否認型A……たとえば、真犯人ではないが、誰かの替え玉になっている。
⑤虚偽否認型B……犯行を行ったことが真実であるが、なんらかの事情で否認する。
　本件は、被疑事実に近い外形はあるが、正規の取引をしたもので、「職務に関し、賄賂を収受し」たものでないというのですから、類型②の範疇に入る事案です。捜査弁護の基本的姿勢は類型によって異なるものではありませんが、個別的には類型に応じた対応が求められてくるはずです。
　まず、基本的姿勢のことですが、私は「3つの原則」を常に守っておくべきだと考えています。
　第1は、事件について被疑者の親身になって、かつ充分に事情を聴取すること。そのためには冷静で忍耐強くあること。そして「予断」を持たずに「白紙の状態」で臨むことです。
　第2は、被疑者との信頼関係（弁護人の守秘義務と良識に支えられた「個別的関係」）の形成に努力することです。
　第3は、被疑者に騙されることを恐れてはならないということです。弁護人が最も恐れるべきは、「捜査」に騙されるということだと肝に銘じておくべきです。

この基本姿勢は、なにも捜査弁護活動に限られたものではありません。

　余談になりますが、私は弁護士に登録以降、時間的制約を受ける国選事件（身体拘束事件）についてすら、第1回公判期日までに少なくとも3回は接見をすることを心がけてきたつもりです。

　第1回目は、とりあえず裁判所から交付されてきた起訴状のみを持って、被告人と接見をして、公訴事実についての言い分をじっくりと聞きます（私のほうから一切疑問を呈しません）。

　そのうえで、開示された記録を読んで第2回目の接見をします。ここでは第1回目の接見時の被告人の言い分と記録に現れた供述やその他の証拠との間に生じている矛盾や不合理について問いただし、可能な限り互いに「正しい事実」の把握に努めます。しかし少なからず、「まだ疑問」という宿題が残ります。

　第3回目の接見は、互いの宿題に対する回答を確認し、冒頭手続における被告人の意見陳述と書証の取扱いの方針を決定します。

　その結果、「争いのない事件」は、だいたい3回の接見で対応できます（その後も公判の進行に応じた打合せが生じることは当然である）が、これが否認事件ということになりますと、到底3回にとどめるわけにはいかなくなります。

　私が、弁護士になって初めて無罪判決をとった事件は、前科18犯を持つ被告人の恐喝未遂（N女方で「腹が減っているので、200円恵んでくれ」と執拗に要求したが、断られると「俺は刑務所帰りだ」などと迫り恐喝しようとした）事件でした。

　被告人は、第1回目の接見では、公訴事実を全面的に認めており、早く裁判を終わらせてほしいということでした。しかし記録を丁寧に読みますと、18犯中本件と同種の前科が多くあって、そのことがかえって公訴事実の成立を否定すべき事情であるように思われました。

　第2回目の接見では、私の見方を強く話しましたが、被告人は「早く刑務所に行きたい」「事実は間違いないのだから」という一点張りでした。

　「もう一度よく考えて」という宿題を残して第3回目の接見に行きますと「実は、恐喝をしたのではない。神戸から姫路に帰る電車代が足らなかったので、たまたま玄関の戸が空いていた家に入って物乞いをしたら、対応に出た女性の

被害者が驚いて、いきなりパトカーを呼び逮捕された。生活費もないし、刑務所に戻ることにして、捜査官の言うストーリーどおり供述書を作成してもらった。これが本当のことです」という弁解に変わりました。被害者は当時妊娠中で、かつ精神的にも不安定な時期で、被告人を見ただけで驚愕し、パトカーを呼んだということもほぼ裏づけられました。

そこであらためて打合せを重ね、無罪主張をし、そのとおりの結果を得ました。

釈放に際して、2日～3日は生活できる最低のお金を差し入れておきました。私の不在中でしたが、わざわざ事務所までお礼の挨拶に来たということでした。このことは弁護士にとって最もうれしいことです。

私の立てる「3つの原則」は、この事件によって確信となったものです。

さて、否認事件の類型にかかわらず弁護の基本は変わりませんが、類型に応じた個別的対応が求められるということについてです。

たとえば、類型①については、被疑者の言い分に関する裏づけ資料をどのように確保するか、さらに「アリバイ」をどの時期にどのような方法で明らかにするかという技術論が求められますし、類型④あるいは⑤は、弁護人の「誠実義務」「真実義務」などが問われ、弁護士として時に深刻に苦悩することにもなります。

が、私が最も難しいと思いますのは類型②の場合です。ここでは、裁判の結果に対する見通しとそのうえに立った弁護方針の決定への関与について、プロとしての力量と厳しい決断が求められるからです。これらのことについては、［課題5］の項において触れることにします。

被疑者身体不拘束下の弁護活動

実務では、まず被疑者に任意出頭を求め、任意の取調べを継続した後に、逮捕の要件が整い次第、強制捜査に切り替えるという手法が多くとられているようです。

本件はこのケースと見られます。このことを前提として［課題1］について検討します。

出頭に応じるべきか否か

　被疑者が出頭を求められた場合、それに応じるか否かはもとより自由です。しかし、出頭しないと、いわゆる「任意同行」がかけられるか、逮捕の必要性が補完されたとして、一気に逮捕に踏み切ってくるということも予想されます。例外は別として、被疑者の圧倒的に多くの者が容易に任意出頭に応じるのは、相手が国家権力であることからくる強い心理的圧迫・精神的な極度の不安によるもので、「とても嫌だが、やむなく、渋々に」というのが誰しもの本音です。

　さて、甲は、平成14年10月末日に、翌日の11月1日の午前中にH警察署刑事2課へ出頭するよう要請されています。が、実際には11月2日午前9時に出頭していることにまず気づいてください。

　出頭要請（呼出し）の方法については、軽微な事案（典型的事例として道路交通法違反）などでは、概ね呼出状（犯罪捜査規範102条1項）によりますが、本件のような事件の実務では、口頭による呼出し（警察官が直接訪問して行う）、あるいは、電話による方法が多くとられます。しかもその理由を告げず、即日あるいは明日といったゆとりを与えない呼出しで、出頭を確保するための執拗な要求がなされます。

　しかし、呼び出される理由については、捜査の密行性として抵抗を受けはしますが、「いかなる事件」についての取調べであるかは明らかにさせるべきですし、出頭日時についてもある程度余裕を持たせるべきです。

　出頭すると決めた場合でも、被疑者のほうにも当然に仕事の都合があり、取調べが1日限りで終わるとは思えませんから、それなりの準備をとる必要があり、注文をつけて日時の調整をすることになります。この調整は、弁護人が被疑者に代わってすることもありますが、まずは、被疑者あるいはその家族にさせたほうが賢明です。これからのことを考えますと、まず被疑者が主体的にやらなければなりませんし、また捜査機関に無用な警戒を与えないですむからです。

　そして、この調整交渉の中で、捜査当局のとった対応を分析していきますと、すでに逮捕状を持っているのか、逮捕状はないがいつでもとれる状態か、あるいはまだ強制捜査への移行を決定していないか、ということがしばしばわかりま

す。そこで、この1日間の調整には大きい意味があることを知ってください。

取調べに対する対応

　次に、いったん出頭を了として取調べが始まりますと、被疑者のほうから取調べの途中で打切りを求めたり、その後の取調べに応じないということは理屈の上だけのことであって、現実には到底不可能に近い状況に追い込まれることを覚悟しなくてはなりません。

　そこで見られるのは、およそのところ「身柄拘束をするぞ」という揺さぶりと、一方で「悪いようにはしないから」という甘言です。

　このことは、弁護人が選任されていたとしても状況はさして変わりません。被疑者は、自らの肌で、裁判所の令状システムによる救いということに信頼を持っていません。が、捜査機関は、自分たちの言い分どおり「令状」を発付してくれるとして裁判所に対する高い信頼を寄せているという不幸な「逆転した現実」があるからです。

　本件では、甲に対して3日間の連続的でかつ午前9時から深夜にわたる長時間の取調べを行いました。しかし後で触れますが、裁判所は決して任意捜査の限界を超えているとは判断しないでしょう。

　そこで、このような場合、弁護人としてはどのように対応したらよいかということです。ごくごく「一般的対応策」を挙げておきます。

(1) 被疑者に対して、誤った自白をした場合、検察官の処分に重大な影響を与え、公判請求を受けた場合、そのことが致命的となることを充分に理解してもらったうえで取調べに臨ませること。

(2) 取調官が用いるであろう自白強制の手段・テクニックなどについて具体的に教示し、これに応じるうえでの心構えをつくってもらうこと。

(3) 意に反する供述調書には署名、捺印をしないことを徹底しておくこと。なお、供述調書の末尾に部分訂正をさせるという対応は、必ずしも得策でないことが多いので注意がいる。

(4) 上記のような原則的教示や徹底にもかかわらず取調べが長時間にわたると、被疑者は必ず妥協し、時には捨て鉢となって真実に反する自白に至るもので

ある。そこで取調べに応じるにあたって捜査機関に取調べ時間をあらかじめ設定させておくべきである。具体的には、取調べ終了時間（帰宅時間）を約束させること、さらに休憩時間を確保すること、たとえば取調べが午前中から午後に及ぶときには、昼食を外に出て自由にとりたい旨申し入れること。さらに被疑者が確保した休憩時間を利用して弁護人に連絡のうえ、取調べのやり方や内容の報告をするよう指示しておき、適宜助言を与えることが望まれる。

(5) 被疑者の帰宅が長引いている場合には、速やかに帰宅を促すこと。その方法としては、まず、家族に架電させるか迎えを出し、それでも解決をしないときには直接弁護人が交渉するという順序立てが多くとられる。

(6) 被疑者が、休憩時間の確保を許されず、また帰宅が遅れる場合には、過酷な取調べがなされているのが通常であるから、弁護人としては取調べの立会いを求めるか面会をする対応に出ることも考えなければならない。なお、任意の取調中の被疑者に対しても、①弁護人の接見交通権があること、②面会の申入れがなされた以上、捜査機関としては弁護人との間で協議が整えば、格別、そうでない場合には取調中であってもこれを中断して、速やかに右申入れを被疑者に取り次ぎ、その意思を確認しなければならない（福岡地判平3・12・13判時1417-45）。

カウンセラーの役割

本件事件で、甲が3日間にわたって取調べに応じたのは、逮捕を回避したい、充分説明すれば無実と信じてもらえるという一念からで、どのように弁明しようともいずれ強制捜査に移行されるのであれば、最初から出頭に応じることもなかったのです。

ただ、事案（たとえば公職選挙法違反）によっては、連続的、長時間にわたる苛酷な取調べに応じていくことによって、強制捜査への発展を回避し、それなりの解決を図る方策を選択することもありまして「捜査弁護」の技法に関する定石はないというべきです。

甲は、問題の用地がゴルフ場の開発予定地に組み入れられており、どうして

も必要であったが、乙（実際の事件での乙の地位は農業委員）が売却に同意せず、交渉の結果やむなく他と比較して割高の価格で合意せざるをえなかったことを懸命に弁明しますが、結果として効を得ず逮捕に至ります。が、必ずしも方針の誤りであったとはいえません。ただ、この取調べの中で捜査当局は、甲よりもむしろ乙との間で難航していた取引に関与してきた丙（市会議員）にこそ、強いねらいがあるように読めました。

　ここで「大切なこと」は、取調べが1回で終了しない場合、弁護人としては、被疑者から取調べ内容について、日々詳細な報告を受け、次の取調べに臨むうえでのアドバイスをしなければならないということです。

　しかし、取調べが長期になってきますと、被疑者は精神的にも肉体的にも相当な疲れを見せ、また捜査官からの圧力もあって、案外弁護人との継続的な打合せを嫌うことが少なくありません。この場合が、被疑者にとって「虚偽自白」をする最も危険な状態であって、弁護人としてもかえって中途半端に投げ出すことはできないのです。弁護人にとってはまさに「カウンセラー」としての力量が問われます。

任意捜査の限界

　少し事案から離れて、「任意捜査の限界」のことについて触れておきます。

　ご承知のとおり、強制処分と任意処分との区別概念は、刑訴法に定義がなく、学説は多岐にわたっていますが、最決昭51・3・16刑集30-2-187（岐阜呼気検査拒否事件）は、区分基準として 個人の意思の制圧ということ、身体・住居・財産等の重要な権利ないし利益の制約ということの2つの要因を規範的概念の枠として設定しました（井上正仁「任意捜査と強制捜査の区別」ジュリスト新版・刑事訴訟法の争点42頁）。

　これを従来の考え方から見ますと「強制処分を4角形に例えますと、その横の辺は延びたけれども縦の辺（強度）は短くされて、実際には強制処分に該る範囲を狭くし、任意処分を拡大したもの」で（光藤景皎『口述刑事訴訟法　上』〔1987年、成文堂〕26頁）、任意処分とされるものの中にも、個人の法益をかなりの程度侵害することが許されるという理屈になってきます。しかも最高裁は、

この手法・枠組みを被疑者の任意の取調べにも適用しました。1つは「高輪グリーン・マンション殺人事件」(最決昭59・2・29刑集38-3-479)と、1つは「平塚ウェイトレス殺し事件」(最決平1・7・4刑集43-7-581)です。

高輪グリーン・マンション殺人事件は、殺人の嫌疑を受けた被疑者を4夜にわたり捜査官の手配した宿泊施設に宿泊させ、前後5日間にわたって被疑者に取調べを続行したという事案ですが、最高裁は、被疑者が「どこか旅館に泊めてもらいたい」という旨の「答申書」を提出し、宿泊を拒否したり、退去・帰宅することを申し出ていないこと(意思の制圧はないということ)、さらに被疑者の監視の態様・程度が比較的ゆるやかで、取調べにも暴行・脅迫を加えたことが認められ難いこと、その他事案の性格上、速やかに詳細な事情を聴取する必要のあったことなどから、任意捜査として妥当ではないが、その限界を超えた違法とまでいえないとしています。

そうしますと、身体不拘束下の取調べには、実質的には強制捜査であって違法なもの、任意捜査であるが、社会通念上、許容される限度を超えた違法なもの、その限度を超えない適法なものという3つの類型があることになります。としますと、強制処分と任意捜査の区別について、捜査について糾問主義をとる、いわゆる「実力説」から、結局は同じ結論になるという逆説を許すことになりましょう。

弾劾的捜査観に立つ有力な学者が、最高裁の一連の決定について、一応は肯定することに疑義を禁じえません。

光藤教授は、「決定が違法でないとした取調べは、戦前行政執行法による行政検査に代えて、実質的に行政検査するものとして『抱き込み宿』(予め契約した旅館に警察官と共に宿泊させる)という慣行がありました。こういう慣行を彷彿させる捜査方法であって、今日、許されてよいとは到底考えられない」(前掲、光藤24頁)と指摘していますが、誠に正鵠を得た評と思います。

さらに、私は、最高裁の昭和51年決定は、有形力行使の適否が問題となった事案であって、これを任意同行後の継続的な被疑者取調べに適用したという手法に問題があるのではないかと考えています。被疑者が取調べによって侵害されるものは、憲法上保障されている黙秘権であり、なにより人間としての自由

な意思・思想・行動の自由という根源的な権利に対する直接的侵害でありますし、捜査手続における当事者主義の構造からすれば、被疑者を捜査の客体としてではなく、捜査の主体として認めなければならないはずですから、昭和51年決定の枠組みとは別な視点での考察が求められるべきではなかったでしょうか。

　平塚ウェイトレス殺し事件は、被告人に対する強盗致死事件につき、徹夜に及ぶ長時間（一睡もさせず、休憩を入れたものの約22時間）にわたって取調べを行い「自白」をとった事案です。

　この事件の決定も高輪グリーン・マンション殺人事件と同一の手法・枠組みに従っています。ただ、本件は警察が当初、参考人として本人の協力を得て取調べを始めた後に、その供述が虚偽を含んでいるとして取調べを続行したもので、問題の中心は、任意捜査としての取調べ方法自体の適否が問われていたのです。が、決定はつまるところ、これまでの枠組みを踏襲したうえで「特別な事情」の存在を理由として、許容される限度を逸脱した違法はないとし、到底取調べの本質に迫ったものとはなりませんでした。その結果、「特別な事情」ということで徹夜の取調べを許容したことには、大いに疑義があるといわざるをえません。

　なお、2つの事件で共通する被疑者が取調べを受けることについて同意（ここでの同意は、「とても嫌だが、やむを得ず、渋々に」も含んで）があったという事実認定についても、取調べの実体を知らない、知ろうとしない者であるゆえに書くことのできる論であるといわざるをえません。

　これに対して、当会の大先輩であられた奥野久之先生が、最決平1・10・27判時1344-19で示された少数意見は、さすがに優れたものです[1]。それでは［課題2］に移ります。

被疑者身体拘束下の弁護活動

　［課題2］は、まず勾留請求がなされた場合の弁護人の対応と、次に勾留決定がなされた後の弁護人の活動が問われています。

　まず「一般的対応」の「要点メモ」を挙げておきます。

勾留請求がなされた場合の対応
(1)勾留質問前の接見が不可欠であること(勾留質問に対する応答内容の打合せが不可欠で、とくに本件では、勾留裁判官に対しても黙秘するか否か)。
(2)勾留質問担当裁判官と面談し、勾留却下を要請すること(合わせて勾留理由に関して事実調べを要求することもある)。
(3)勾留裁判官に対して意見書の提出を検討すること(主張の疎明資料を添付すること、場合によれば関係者を同行し、裁判官と面会させることもある)。
(4)勾留質問への立会い申入れを検討すること。
(立会権の参考文献)
※大出良知「刑事弁護の憲法的基礎づけのための一試論」(1989年、自由と正義 40-7)
※渡辺修『被疑取調べの法的規制』(1992年、三省堂)
※村上博信「勾留質問」平野・松尾編『新実例刑事訴訟法』(1998年、青林書院)
(5)家族、勤務先への連絡および今後の対策について配慮すること。

勾留決定に対する弁護活動
(1)勾留状の交付請求を必ずすること(最近の裁判所は勾留決定がなされることを条件として、交付申請書の事前提出を事実上認めている)。
(2)勾留に対する準抗告を検討すること。
(3)勾留理由開示請求を検討すること。
(4)勾留取消し請求を検討すること。
(5)これらの検討については、重ねて被疑者と接見をし、とるべき方針と結果の見通しを充分に説明しておくこと。

　「要点」にとどめましたのは、この種の弁護活動については、すでに種々のマニュアル本が出ているからです。また、私と多田徹弁護士が共同して担当した事件で、建築コンサルタントを業とするある女性が殺人容疑をかけられ、3つの別件で10日間に3度逮捕、勾留請求され、これらをいずれも却下(準抗告を含む)

させたという事案について、多田会員のほうから後日報告する予定であることによります。

ただ、1点申し上げておきますと、どの本にも勾留決定に対しては上記(2)ないし(4)の防御上の「武器」を果敢に使って、被疑者を1日でも早く釈放させよと書いています。

私の場合でも、勾留決定に対して準抗告の申立とそれに並行して勾留理由開示請求をし準抗告が認められなかった場合には、開示裁判後直ちに勾留取消し請求をし、これも却下されますと、さらに準抗告をする、勾留延長決定についても同様にする、これを私たちは「フルコース」と呼んでいますが、かように激しく「武器」を使うこともあります。

しかし一方で、あえて計算のうえ、一切の「武器」を使わないという選択をすることも多くありまして、無実を争う否認事件といえども、当該事案とその効果を具体的に分析して判断するわけで、決して原則どおりというものではありえません。このあたりの判断は経験を積むほかないと思いますので、この程度にして［課題3］に移らせていただきます。

被疑者の黙秘権行使と弁護活動

［課題3］は、被疑者の黙秘権行使と弁護人の弁護活動との関わりについて考えておきたいという設定です。

確か平成11年8月に、当会の刑事弁護センターでの研究会において「ミランダの会」の弁護活動が「不適切弁護」であるとの攻撃がなされたことに関するテーマを取り上げました。その際に、私は「不適切弁護」の一例とされた浦和地判平9・8・19（判時1624-152）の不当性について厳しく批判しました。今日はそのことを離れて、少し実践的な視点から本件事案を見ていきたいと思います。

弁護人がなすべき方針提示

本件で、被疑者甲は逮捕から勾留請求に至るまで黙秘しています。そこで第

1に、勾留裁判において勾留裁判官にも黙秘をするか。第2に、勾留が認められた場合、勾留期間中の取調べに対してどのような対応をとるかということが問われています。

そこで当然のこと、被疑者甲と弁護人A間で、黙秘権を行使するか、供述をするかの協議がなされることになりますが、この場合、弁護人Aとして、甲に黙秘権の意義と法的効果を一般的に教示することでとどまることができるでしょうか。

「不適切弁護」に関する法曹三者の意見交換会で見られた法務省（検察官）の立場からは、弁護人がこの限度を超えることは許容できないということになるのでしょう。しかし、甲がAに求める助言は、端的に言って、このまま「黙秘権を行使」するのか、それとも「説明と弁解を供述する」のか、どちらが「得策か」という判断につきるのです。

これに対して、仮に弁護人Aが、「それはあなたに自己決定権があります。自分で決めてください。私にはこれ以上の助言は許されないのです」と答えたとしたら、一気に信頼関係を失うことになり、弁護人の役割が成立するはずもありません。やはり、弁護人が「一定の方針」を被疑者に提示してやらねばなりません。

実務上問われているものは、弁護人としてどのような「方針」を提示して見せるかということにつきるのです。そのうえで最終的な選択は確かに被疑者が決することになるでしょう。

もっとも、黙秘権を行使するということは、現実には相当に苛酷な取調べを覚悟しなくてはなりませんし、被疑者の精神的・肉体的な負担は私たちの想像をはるかに超えるものがあり、まったく胆力のない被疑者に黙秘権行使の「方針」を提示してみても何の意味もありません。

さて、本件について順次検討していきます。

勾留質問に対して黙秘権を行使すべきか

まず、甲は勾留裁判官の勾留質問に対して黙秘権を行使するか否かです。

私は事案に鑑みて、裁判官に対してはあくまで「簡明な弁解」をしておくという

方針を提示してよいと考えます。「簡明な弁解」と言いましたのは、簡略にかつ明確にということでして、本件のような否認事件類型の事案では、被疑者がだらだらと陳述しますとかえって誤解を受けることもあって、効果的な陳述をすることが難しくなるからです。

そこで、弁護人としては、裁判官に逮捕以降続けている黙秘を解いて、勾留質問では陳述する「方針」であるから、そのためにアドバイスをする必要があるとして、勾留裁判への立会いをしたい旨申入れをすることになるでしょう。裁判官としても、被疑者が黙秘を解いて陳述するのですから、勾留質問の目的を達成するうえで有益であり、弁護人の立会いがなんら障害となるはずもありません。私は、かつて、このような「方針」をあらかじめ裁判官に示すことによって、非公開の勾留裁判に2度ですが立ち会った経験があります。

また、立会いが認められるかどうかにかかわらず、勾留質問に先立って被疑者と裁判所庁舎内で接見（刑訴規則30条）をして陳述内容を再確認しておくことが望まれます。

勾留が継続された場合の対応

次に、勾留が継続された場合の対応如何です。

被疑者甲は、任意捜査の段階で、自らの思いを訴えました。が、聞き入れられず、逮捕後は黙秘権を行使していますから、原則として黙秘を貫く「方針」でよいといえそうです。

しかし、必ずしもそうはいかないのです。問題は、共犯者とされる乙の供述がどうなっているかです。乙が本件の売買契約において、他に比較して高い価格で取引をしたことに職務との対価性があると「自白」していれば、甲・乙とも公判請求は不可避であり、甲が公判段階になってからこれを否定する陳述を展開したとしましても、その当否は別ですが、不利な状況に立つと考えておかねばなりません。しかし、乙が否認していれば、甲の黙秘権の行使は非常に生きてきます。まず、公判請求は無理と見てよいでしょう。

そうしますと、どうしても乙の動向が知りたいところです。「方針」の提示はその情報の如何によって変わってくることにもなります。

さて、そこで弁護人Aは、乙の弁護人Bから乙の供述状況を聞くことになりますが、これは許容されるでしょうか。

　私の結論は、弁護活動の一環としてなんら「差し支えない」ということです。

　捜査段階において、被疑者・弁護人ともに検察官の手持ち資料を知る手段が法的に保障されていません。これを補うために、弁護人は可能な限りの情報収集をすることが役割であって、これを否定することは、弁護人としての活動自体を否定することになり、到底否定する理屈を見出すことはできません。許されないことは「口裏合わせ」だけでしょう。

　それにもかかわらず、なお、裁く側から見て「不正義」というのであれば、こう申し上げておきたいものです。「国家を裏切るか、友を裏切るかと迫られたとき、国家を裏切る勇気を持ちたい」と。

　先の浦和地裁判決の事件に関連して付言しておきます。判決の内容が不当であることは当然のことですが、判決を読む限りにおいてですが、この事案で被疑者に取調べを拒否させたという弁護人の方針もあまり感心できません。

　最も大切なことは、防衛上黙秘権を行使することの是非論ではなく、弁護活動としての「質」の問題にかかってくるということを申し上げて［課題4］に進みます。

被疑者取調べと接見交通

　［課題4］は、接見交通権の問題です。

　被疑者にとって、弁護人の接見交通権がどのような機能・役割を果たすのか、また法39条3項の検察官の接見指定について、判例がどのような立場をとっているのかについては説明の必要もないと思いますので、本件の事案に則して2つのことを申し上げるにとどめます。

後には引かない粘りが必要

　第1は実践の問題です。

　弁護人Aはたぶん電話でしょうが、検察官に対して11月11日の午前中に接

見をすることを申し入れていますが、検察官は取調べ予定を理由として、翌日である「12日の午前中に」という接見指定（個別処分）をしました。

しかし、弁護人としては、被疑者が無実を訴えている場合、被疑者の防御上、いわゆる「連続接見」（毎日欠かさず接見すること）が不可欠となりますし、これは弁護活動のイロハといえます。とくに本件の課題では、甲と乙との会食・甲の費用負担という新しい事実が浮かび上がり、検察官はこれを梃として、一気に自白を獲得したいという意図が読めます。そうしますと、弁護人にとっても被疑者にとっても、ここは最大の山場であり、妥協することはできませんし、準抗告で争うという悠長な余裕はありません。

弁護人Aとしては、直接H警察署に直行し、留置主任官を説得し「即時接見」をするか、検察官と面会をし、午後1時の取調べに先立って検察庁舎内での接見を実現させなければなりません。

そこで求められるのは、理論や判例ではなく、対交渉の場における迫力と絶対に後には引かないという粘りでしょう。私がこれまでずっと言い続けてきました「捜査弁護は力仕事」なのです。

「接見指定」＝「強制処分」といえるか

第2は、少し理屈の話です（捜査弁護が「力仕事」だと申しましても、仕事をするうえである程度の学習は必要ですから）。

私は、同期で友人でもある名古屋の浅井正先生（最判平3・5・10、いわゆる「浅井事件」の申立人弁護士）に、日弁連の接見交通権確立実行委員会の多大なご苦労にもかかわらず、違憲論を最高裁は到底受け入れないのではないかと申したことがあります。

私の意見は、要するに、法39条3項の規定自体を違憲とする学説も極めて少なく、また、まだ弁護士会の共通認識になっていないという状況判断によるものでした。

残念ながら予測したとおり、安藤・斎藤事件の大法廷判決は（最判平11・3・24民集53-3-514）、法39条3項の接見指定の規定を全員一致で合憲であると断じました。なぜかと言いますと、この判決でも明らかにされていますが、

これまでも最高裁は、憲法は刑罰権の発動とそのための捜査権の行使が国家の権能であることを当然の前提としているから、憲法の保障に由来する接見交通権といえでも、捜査には優先しない。したがって、法39条3項は、その調整の規定だと考えてきたという構造論上の問題があったからです。そして最高裁は、このような思想に立って接見指定処分を、「強制処分」の規定と見てきたのではないでしょうか。

また、学説も実は「強制処分」であることを前提として議論をしてきたと見られます。

しかし、果たして「接見指定」＝「強制処分」といえるか、というのが解釈論上の私の疑問です。法学セミナーの別冊に司法試験シリーズ井戸田侃・光藤景皎編『刑事訴訟法Ⅰ〔第3版〕』という本があります（1995年、日本評論社）が、この中の「接見交通」の問題解説の中で「任意処分説」を初めて提起しておきました。ただ「任意処分説」だと捜査官のなした指定処分が準抗告手続（法430条1項）の対象となるのかという難点があったのか、問題提起すらまったく注目されませんでした。

安藤事件の判決の小法廷判決（最判平12・2・22判時1721-70）に反対意見を出した当会の元原利文先生が、「準抗告手続が捜査機関のなした接見に関する処分に対する簡易迅速な救済方法としての機能を果たしていないのであれば、法39条3項本文自体の合憲性に疑義が生じる」と指摘されましたが、このこともあわせて、準抗告制度を新たな視点から再検討してみたいと考えているところです[2]。

当会でもぜひこの問題をテーマとして取り上げてください。

被疑者（依頼者）の利益と弁護活動

最後の［課題5］ですが、これが最も難問です。

弁護人によるアドバイス

課題について補足説明しますと、甲と乙との会食という事実自体は、その経緯

と内容から見て立件されることはないと思います。しかし、この事実は、勾留されている本体事件を支えるひとつの情況証拠としてマイナスに働くことは否定できないでしょう。そして、乙の「自白」があれば、まず公判請求され、甲がこのまま黙秘あるいは否認を続けますと、現実の実務では第1回公判前の保釈がとれる見通しが立ちません。さらに、否認類型②の事件では、素直に言って裁判官によって事実認定の幅があって、無罪がとれる保障も立ちません。

さて、そのことを前提として、被疑者甲が、真実に反するが、捜査官の主張を認め、早期釈放と引きかえに執行猶予付有罪判決をあえて受忍するとした場合、弁護人Aにはどのようなアドバイスができるでしょうか。

Aが「頑張って真実を語れ」とアドバイスをしましたとしても、甲から「何カ月も釈放されないとなると、甲会社は倒産します。有罪・無罪より、今の時間が必要です」と反論されれば、たちまち窮することになります。これが殺人事件などの重大事件で保釈や執行猶予判決をとる可能性が見えない事案では、A弁護人のアドバイスでよいでしょうが、本件のようなケースでは、正直、悩み抜かねばならないことになります。ここに難しさがあります。

この課題に対する答えは、ぜひ皆さんがそれぞれで悩んでください。私も苦悩した経験がありますので、その経験例をお話しします。

私の経験

事案は、盗品等に関する罪でしたが、私の依頼者Aは、自衛隊を脱サラして、ディスカウント・ショップを独立して経営していましたが、趣味のダイビング仲間Bから、結果的には盗品であった電気製品を大量に購入し、自分の店で販売しました。

Aの弁解によりますと、Bから購入したときの説明で、「知り合いの量販店の電気店が事実上倒産したことによる整理物件である」ということで、これまでのつきあいから調査をしないままBを信用しました。Aには、「贓物」の認識はなかったというものでした。Aは逮捕・勾留されましたが、毅然として否認していましたし、彼は正直かつ信念の強い男で、私自身は弁解に強い信頼を寄せていました。

ただ、1点不利な状況がありまして、Aより先に窃盗罪で逮捕されたBのこと

が新聞報道されており、これを見たAが、Bからの仕入れ伝票と領収書の控えをすでに破壊していたことでした（ただし、仕入れ伝票・領収書の存在したことは、従業員の法廷証言から事実であると証明されている）。

　勾留延長後の接見で、Aは「自分は潔白である。しかし、このまま勾留が継続したら店はつぶされる。店がつぶれても自分は再起できるが、従業員は路頭に迷う。否認をしたままでは起訴後速やかに保釈がとれないのなら認めてもよい」というものでした。私としましては、認めれば第1回公判前保釈の可能性は極めて高い。が、一方、無罪をとることはほぼ断念しなければならないことを素直に話し、お互いに2日間悩んだ末に、Aは贓物性について「未必の故意」があったとの範囲で、不利益な「自白」に転じ、検察官と交渉のうえ、起訴後直ちに保釈が許可されました。

　私は、今もAは無実の者と信じていますが、後日、Aは決断した理由について、仕入れ伝票と領収書を破壊したという事実が無罪判決をとるうえで大きくマイナスとなることを、私が素直に話したことが決め手であり、自分を納得させた要因ともなったと言っておりました。

　公判では、Bの供述調書を不同意として、Bの証人調べを実施し、Aの供述調書は信用性のみを争いました（結論は、執行猶予付判決で確定しています）。

　この事件は、小さい事件と見られるかもしれませんが、そのときの苦悩を忘れることはできません。私は、検察官や裁判官が小さい事件と見ているものの中に、実は、この種の無実の者の多くを有罪としていること、それにかかわらず「真実」を発見したのだと自負していることに、この国の危うさを感じてなりません。

弁護人の「真実義務」

　最近、刑事弁護人の果たすべき役割があらためて議論されており、弁護人は「誠実義務」のほかに「真実義務」を負うかということが問われています。

　私は、「真実義務」はないという立場をとっていますが、これを肯定する方に問いたいのは、同種のことが多く存在するであろう私の経験例において、弁護人にも求めようとする「真実義務」はいったい何かということです。そして何をせよというのかということです。さらに、弁護人の「誠実義務」は依頼者に対して負

うものである以上、依頼者の利益に徹する弁護活動が求められるとして、この事案における「依頼者の利益」とはいったい何かということです。

「利益」の最終判断者は、被疑者あるいは被告人にあるということだとしましても、判断の決定に至るまでに弁護人がどのように関与していくのかという議論を詰めていかねば、いずれも机上の論争でしかないように思われます。これらの問題につきましては、後日、私なりの考え方を「弁護人の役割論」としてまとめる予定であることを申し上げて、課題に対する回答にはなっていませんが、これをもって一応終わらせていただきます（本書第7章参照）。

最後に、本件設題の土台となった実際の事件では、甲・乙ともに本件土地の売買による金の流れを、ありのまま税務申告をしていたという事実が一つの決め手（設題中、甲会社の「決算期」を入れたのはそのことによる）となって、いずれも不起訴処分となりました。が、結局、甲はゴルフ場の開発を断念し、この権利を第三者に売却し、失意の中で故郷に帰りました。

強制捜査とはかくも残酷なものであることを申し上げておきます。

補説

本稿は、平成15年6月23日に実施された兵庫県弁護士会「刑事弁護セミナー」の研究会において取り上げた「テーマ」（本件の事案と課題）に関して、私が述べた意見のまとめです。本文の中で注［１］［２］を付した2点について補足説明をしておきたいと思います。

［１］最２小判平元・10・27における奥野久之判事の少数意見

本件の事案は、福岡市都市計画局公園緑地部緑地課長の被告人甲が、同市のX緑地第2工区造成工事および整備工事の施行、監督、評定等に関して、有利かつ便宜な取り計らいを受けたい趣旨で、当工事を受注した造園業者乙から現金20万円の供与を受けたという、ごくありふれた贈収賄事件です。

一審・原審とも、甲、乙の有罪を認定したために、上告がなされたものですが、最高裁の結論は、紋切型の「上告棄却」でした。が、唯一、奥野判事は、乙の

検察官に対する各供述調書の任意性を否定し、原審である福岡高等裁判所に差し戻すべきとの少数意見を付していました。少数意見の内容については、判例時報1344号の「最高裁刑事破棄判決の実情（上）」の中で紹介されているのでぜひ参照してください（前掲19頁。ただし、判例時報での被告人Ａは、本件事案上の造園業者乙のことである）。

　奥野先生は、退官後である平成3年12月6日、兵庫県弁護士会（当時、「神戸弁護士会」）で「最高裁で経験したこと」と題して行った講演の中で、この事件に触れられておられますが、その中で本件事件について「調査報告があがってから、合議が終結するまでの約1年間、もっぱら無罪をやっていたのです。任意性も初めやっていたんですが、なかなか他の人がついてこない……私の力不足ということも当然あるわけですけれども、結局多数意見を覆すことができなかったんです」と異例ともいえる述懐をされています。

　このときの講演録も含めて、先生が逝去されたあと、門下生によって先生の業績を偲んだ、奥野判例研究会編『秋の蝉——奥野久之最高裁判事の足跡』（1994年、神戸弁護士協同組合）が出版されました。この編集にあたった一人である乗鞍良彦弁護士によると、「奥野先生は、この事件のことを退官後も気にかけておられた」とのことでしたが、私は、先にあえてありふれた贈収賄事件と書きましたが、先生が弁護士時代からどんな小さな事件でも常に真剣に向かい合っておられたことを知っており、そこに流れる在野法曹としての魂を最後まで持ち続けてこられたことに深い感銘を覚えました。

　ところで、本件事案での乙（判例時報掲載の被告人Ａ）は、事件当時61歳で、高血圧の持病があったが、贈賄の事実を自白させられたときの取調べ状況について、2人の警察官から、自白しないのは私欲があるからだと追及され、取調室の壁に「無欲」と大きい字を書いた半紙を貼って、その前で椅子の上に正座させられ、「無欲」という字を見続けさせられたといいます。頭を動かしたり、体を動かしたりすることも許されなかったというものでした。「警察官はそうやって落としたということが自慢のようで、半ば得々と私はこうやって落としたんだと言わんばかりに言っている」と指摘されています（前掲『秋の蝉』218頁）。

　先生が、到底許容できないと思われたことは察して余りありますが、裁判実

務家は、果たしてこの少数意見をどのように読んでいるのでしょうか。

　私が平成12年に担当した競売等妨害事件においても、取調担当の警察官2名が、角膜移植手術が予定されていた被疑者に対して、そのことを承知しながら、自白をとるために白い台紙に小さい「黒点」をつけて、これを取調室の後ろの壁に貼りつけ、その前で起立させたまま長時間にわたってその「黒点」一点のみを見続けることを強要したという手法がとられています（神戸地判平16・4・26、同地裁平成12年(わ)第1626事件、ただし無罪確定済み）。

　もしも、奥野意見が多数説を形成していたとしたら、このような違法な取調べが10年以上にわたって行われるはずもありません。弁護士も含めて実務家の、そして学者の責任は重いといわねばなりません。

［2］最3小判平12・2・22における元原利文判事の少数意見

　本件事案は、いわゆる「安藤・斎藤国賠事件」が、最高裁大法廷に「論点回付」（最高裁事務処理規則9条3項後段）され、周知のとおり大法廷が、刑訴法39条3項の接見指定の規定を合憲としました（最大判平11・3・24判時1680-72）。のちの小法廷におけるその余の論点に関する判決です。

　小法廷における論点のひとつとして、弁護人が検察官から接見指定書の受領と留置担当官への呈示を求められたので、違法に接見を妨害されたとして第1次、第2次にわたる準抗告を申し立て、いずれも認容決定を得た「準抗告決定」の効力が問題となりました。法廷意見は、「検察官を拘束する効力はない」としたのに対して、元原判事が反対意見を付したものです。

　元原反対意見の要旨は、原処分が検察官等の捜査機関によるものであること、これに対して刑訴法430条の準抗告が申し立てられ、原処分が取消しまたは変更された以上、法の趣旨に照らし、行政事件訴訟法33条1項の規定を類推し、現処分をした捜査機関も準抗告裁判所の判断に拘束されると解しました。

　元原先生の退官後、先生が最高裁で関与された13の判決（第1部・個別意見の部）と講演録（第2部・講演の部）とを掲載した、元原利文著『弁護と裁判──法律の現場を歩く』（2003年、多聞法律事務所編集発行）が出版されま

した。この第1部の⑫において、先生自身が反対意見を導いた考え方について補説を書いておられますが、やはり実務法律家として高い感性から出た帰結であるといわねばなりません。そして元原反対意見は、今後議論をもたらすものとなることを確信します。

第4章　身体拘束下の被疑者と刑事弁護

　本日は、近弁連が夏期研修の一環として、「身柄拘束中の被疑者・被告人と刑事弁護」というテーマで、シンポジウムを組むにあたって、私にその総論部分についての基調報告をせよということでございました。会場には平場安治先生のお顔も見えますが、近弁連には申し上げるまでもなく、理論面では私たちの師であり、実務においても大先輩であられる平場先生・佐伯千仭先生をはじめとするすぐれた先生方がいらっしゃいます。未熟な私が難しいテーマについて、しかもその総論としての問題提起をすることは極めて荷が重く、たいへん僭越なことです。

　ただ、未熟なお話をすることによって、かえってさまざまな問題提起ができるのではないかと考えお引き受けしました。そこで私は主として捜査段階の問題について、私の日頃考えているところをお話しし、先生方の批判を受ける中で務めを果たしたく思いますので、よろしくお願いする次第です。

「取調べ」とは何か

　さて、ここでの問題の所在は、一言で言えば「取調べ」とは何か、身体拘束中の取調べにおける被疑者の積極的な防御権の保障をどう考えるべきかということにあります。そこで、まず「取調べ」の概念について考え直してみることから始めようと思います。

　ご承知のとおり、刑事訴訟法は、「取調べ」という語をいろいろの場合に用いています（法43条・197条・198条・223条・282条・305条など）。が、被疑者の取調べに関する規定は、法198条のみです。ここでの取調べの概念は、一般に「供述を求める行為」とされています。しかし適切な概念とは思われませ

ん。

　同法の表現は、「犯罪の捜査をするについて必要があるときは、被疑者以外の者の出頭を求め、これを取り調べ」ることができるとする参考人の取調べに関する規定と同一の構成がとられています（法223条）。2つの条文を手がかりとする限り、「取調べ」とは「捜査機関が捜査上必要とされる事項について、問を発し、答えを求める行為」であるというべきです。

　もっとも、刑訴法311条2項は、「裁判長は、何時でも必要とする事項につき被告人の」としており、「取り調べること」と「供述を求めること」とは同一内容のものを指すと考えることができるとするなら、取調べの概念を端的に「供述を求める行為」といってよいとの反論が出るでしょう。

　ただ、ここでも「供述を求めること」とは、より具体的にいえば、個々の質問に対して被告人の答えを求めることであって、被告人としてはどのような答えを出そうとも、また一切答えない（供述拒否）ことも含めて許容されるわけですから、「問を発し答えを求める行為」としたほうがよいのではないでしょうか。

　私のこのこだわりは、「供述を求める」と表現するとき追及や説得などによって一定のねらいとする事実（答え）を引き出すことができるという意味が込められていると解することを当然のこととする恐れ、その恐れがあることをもって適切さを欠くと考えたいのです。したがって、取調べにおいて、「強制にわたらぬ限り、追求、説得、勧誘等の自白獲得の種々の技法の活用が推奨されている」[1]という議論は排斥されねばならないことになります。

　さらに進んで検討してみますと、刑訴規則199条の13の規定は、証人尋問の方法に関するものですが、そこでの禁止事項は供述義務のない被告人の尋問にもより妥当するといってよいはずです。そして刑訴規則199条の13の規定で禁じている尋問や、誤導尋問を裁判官が行った場合といえども刑訴法309条1項に基づき異議の申立ができると解することに学説上も実務上も異論を見ません。

　としますと、裁判官が被告人に対して「供述を求める」場合においてすら、重複尋問の原則的禁止、威嚇的、侮辱的尋問の絶対禁止のルールに従わざるをえないのですから、まして捜査機関が被疑者の取調べにおいて、「理詰の質問も、

頑張り合いも、誘導的な質問も」「示唆も、他に証拠が揃っているという詐術的な言葉も程度を越さない限り」許されるという理屈はどこからも見出せないというべきです。犯罪捜査規範（昭32公安委規則2号）に定められた取調べに関するルール（166条ないし173条参照）は、取調官に対して課せられる最低限度の規範であると理解すべきことになります。

　取調べの概念を一応上述のように解するとしましても、刑訴法の構造上、捜査機関が被疑者を取り調べることによって、証拠収集の一手段とすることを認めていることを否定することはできないと解するのが素直です。

　法198条1項の解釈として、「身柄拘束中の被疑者の取調べは現行法上許されない」との見解[2]は、その立法経過から見ても、法198条1項の条文解釈からしても、無理がありすぎるし、その立論のねらいが、かえって実務からあまりにもかけ離れるがゆえに成功していないように思います。

　また、取調べは、証拠収集の方法ではなく、告知と聴聞に関する手続であり、むしろ被疑者の権利であるとする見解[3]も、その見解のとる捜査構造論（訴訟的捜査観）からは当然の帰結であるとはいえ、前説同様、究極的には、取調べ自体を否定することになり無理を感じます。

　かえって憲法31条以下においては、国家の刑罰権を実現するために、捜査と裁判が行われることが前提となっておりますし、憲法36条、38条1項、2項は、強制・拷問・脅迫等の手段によらない取調べを行う権限のあることを前提としたものと読めます。そうしますと、取調べ権限は、憲法上の価値を与えられているといえると思われます。私はそのことをすっきりと承認したうえで、被疑者・被告人の権利をどこまで、そしてどのようにして自立させるかという視点から問題を捉え直すべきであると考えております。

　そこで、次に身体拘束下の被疑者には、取調べ受忍義務があるのかという問題について検討してみます。

被疑者の「取調べ受忍義務」について

　法198条1項但書によって、逮捕・勾留中の被疑者には取調べ受忍義務が

あるのか、通説的認識でいえば、具体的には捜査官の出頭要求や取調べに対して、これを拒んだり、出頭後自己の意思によって退去することが許されないのかという問題です。

　実務上は肯定説が支配的です。肯定説に立つものの中にも、原則として逮捕・勾留の基礎となった犯罪事実の取調べに限って受忍義務を認める限定説、余罪の取調べにも受忍義務を認める非限定説があり、捜査実務家は概ね非限定説をとりますが、下級審における裁判例としては、限定説に立つことを示唆するものも目立ちます。たとえば、東京地決昭49・12・9判時763-16、青森地判昭51・1・27判時813-72、東京地判昭51・2・20判時817-126などです。

　これに対して、学説の多数は受忍義務否定説をとります。ここで法198条1項但書の解釈について詳論するつもりはありませんが、やや乱暴にいえば、取調べの必要性・重要性に眼を向けるか、人権保障に強く眼を向けるかの思考が、対立の背景にあるといって過言ではありません。

　捜査実務家の大方の主張は、要するに犯罪の解明、ひいては社会秩序の維持のうえで、被疑者の取調べは必要かつ重要であって、科学的捜査によって得た資料のみでは犯人と事件とを結びつけることができないし、また贈収賄事件や公職選挙法違反事件などのように物証の少ない事件では被疑者の取調べが不可欠であること、さらには起訴便宜主義との関連において取調べには刑事政策的配慮があるとするのです[4]。

　まず後段の取調べの意義に、刑事政策的配慮を持ち込むことは否定されるべきです。取調方法の問題と起訴便宜主義の運用論とは峻別してかからなければ議論が不透明となり、むしろ危険であるとすらいえるからです。

　前段の取調べの必要性の理由とするところは、あながち否定しえない主張であることを認めます。しかしながら、このことが「被疑者取調べをできるだけ回避し、自白以外の他の物証や状況証拠に依存するべきだとの提案も、主として弁護士会からなされている。だが、供述証拠以外の物証を中心に、犯罪を特定する捜査を現代の無名・匿名性と人口流動性の高さを特徴とする都市社会で原則とすることが、犯罪の摘発と解明を著しく困難にすることにならないだろう

か」[5]とする側の理論的バックアップを受けて強調されることには大いに疑問があるというべきです。

　なぜなら、捜査官が被疑者や参考人を取調べる権限を有することを否定するものではないとしましても、捜査上必要な取調べは任意になされるのが原則です（法197条1項、規範99条）。また、すでに逮捕・勾留が許可されたということは、被疑者の取調べを待つことなく、自白以外の証拠によって被疑者であることが相当の蓋然性をもって特定されたことを意味するはずです。犯罪の摘発や解明の困難さは被疑者を特定し、身体を拘束する以前の局面において主として問題となることです。取調べの必要性が過度に強調されているということを見逃してはならないと思います。

　やはり肯定論の真のねらいは、身体拘束下にあることを利用して「自白」を獲得すること、そのことによって効率的捜査と有罪への直結を目指すことにあると見るべきです。捜査実務家が実体的真実の発見をと主張するとき、その内実は必罰主義が根底にあることを看過するわけにはいかないのです。しからばこそ、被疑者は出頭・滞留義務を負うとしたうえで「黙秘は法律で認められた被疑者の権利だが、取調べも法律で許されている。だから黙秘しているからといって、取調べをやめる必要はない」[6]ということになり、果ては法改正の動きに伴う代用監獄の再登場を機縁として、警察実務家より正面きって逮捕・勾留が被疑者取調べを目的とすると明言する見解[7]が出てくることになるといわざるをえません。

　「自白中心の捜査構造」への批判は詳論するまでもありません。その不正義は歴史の語るところであり、近代法では強く否定されます。そして被疑者に保障された黙秘権は「不利益な供述」を強制されない権利にとどまらず、およそすべての供述を強制されない「包括的黙秘権」であると解することができるはずです。それにもかかわらず、取調べ受忍義務を課すことは、憲法38条1項、法198条2項に抵触してくる疑いが強いといわねばなりません。もっとも、取調べ受忍義務肯定論者は、「取調べを受けることを強制しても、供述を強制することにはならない」としますが、たとえば被疑者が黙秘権を行使することを明示しているにもかかわらず取調べを継続することになれば、それは「自白の強要」以外の何

ものでもないはずです。しかも「供述するか否か」は、すぐれて被疑者の良心にかかる内心の問題であって、いかなる法理をもってしても、制約することができない憲法上の根源的な原理で、この原理の下で、取調べの必要性・重要性は譲歩を余儀なくされるといわざるをえません。

したがいまして、被疑者の有するこの権利は、憲法上の価値として認められる取調べ権限に優越する規範であると理念上考えることが可能ですから、否定説をもって正しいとするほかなく、これに反する実務上の運用は速やかな是正が求められているといわざるをえません。

捜査構造論と被疑者取調べ

取調べ受忍義務に関する論争は、捜査構造論の一局面であるとされ、弾劾的捜査観の帰結が「否定論」へ、糾問的捜査観のそれが「肯定論」となるとされています。

しかし、最近の議論を見ますと、理念的にはともかく両説は実際の局面では、接近する可能性があるとされ、あるいは両説の対立が「とくに理念の面で」明確になった意義を認めつつ、被疑者取調べを考えるうえで重要なことは、取調べの適正化の検討にあるとされるなど、必ずしも捜査構造論との関わりにこだわることなく、「理論」と「実務」の架橋を試みる手法が提案されております[8]。

この流れの中で、被疑者が黙秘権を行使する場合でも、捜査機関に取調べ権限がある以上、「取調べに応ずるよう熱心かつ合理的な説得をすることは許される」[9]という考え方が出されてきます。そうしますと、私流に解すれば、「説得」の程度をめぐって、受忍義務肯定論からは「強い説得」が、否定論からは一定の限界があるものの、強い説得に対比しえるいわば「弱い説得」が可能であるとする考え方に至るということになるのでしょうか。この点は今後少し詰めた議論をしておかねばならない問題のように思われます。

ただ原則的に申せば、黙秘権を行使しながら、被疑者はなお供述を促す捜査官の説得を受け続けなければならないといえるでしょうか。被疑者は黙秘権の保障として、「黙秘権を放棄して供述せよ」とする説得を受ける地位につくも

のではないはずです。被疑者は、取調べを受諾するか、拒否するか、中断を求めるか、終了させるかについて「主体的に決定できる」はずです。

　1966年のミランダ判決は、被疑者の黙秘権行使が「取調べをやめさせる権利」の存在を確認しました。さらに1975年のモスリイ判決は「被疑者は取調べをやめさせるこの権利を行使することにより、取調べ開始の時期、取調べの事項、取調べの継続、を自由にコントロールすることができる」(取調べコントロール権)としたのです。

　このように解さないと黙秘権の実質的保障は絵に描いた餅になってしまうからです。やはり「程度」の差の問題として還元することは性格上不可能であって、捜査実務への安易な妥協は、結局なんらの解決を見ないと思います。

　そこで後藤昭教授は、平野博士の『古希祝賀論文集下巻』の中で、受忍義務否定論から、論理的にどのような解釈上の帰結が生じるのかについて、従来あまり論じられていなかったことを指摘し、取調べ受忍義務否定論を承認すれば、取調べについては次のような帰結に至るとします。少し長くなりますが引用します。「受忍義務否定説を採用することは、『取調べを強制することは、供述を強制することになる』という経験則を承認することである。また、受忍義務否定説に立つことは、被疑者の取調べ拒否権を承認することである。被疑者が取調べを拒否したにも拘らず、敢えて取調べを行なって自白を得たとしても、取調べが強制されたものである以上、自白の任意性も否定される。被疑者が取調べを明示的に拒まなくても、実質的に取調べが強制されたとみられる場合も同様である」とされ、さらに「取調べへの弁護人の立会権を肯定する議論も取調べ受忍義務否定論を前提とした場合に、論理必然的に少なくとも一定の範囲では被疑者取調べへの弁護人立会権が保障される結果になる」と論じられました。

　後藤論文は卓見です。ただ、その帰結はこれまでに論じられてきた取調べ受忍義務否定論からの見解を確認し徹底したものにとどまるといえまいか。たとえば、論理的帰結としての①被疑者の取調べ拒否権を侵害して獲られた自白は任意性を欠くことは平野博士の見解からも当然の帰結でしたし、②被疑者は、身体拘束下にあっても弁護人の立会いを取調べに応じる条件として要求しうるこ

とは、光藤教授の見解に著しく近いものです[10]。さらに取調べ受忍義務否定論の直接的効力として、取調べへの弁護人立会い要求が論理必然的に導き出せるのかについてはやや疑問があるといわねばなりません。やはり取調べに対抗しうる被疑者の持つ権利、とりわけ「弁護人依頼権」「黙秘権」そして「防御権」そのものの内容として解釈上導き出すことへの理論深化が果たされるべきではないかと考えます。

　これまで弁護人の取調べの立会いについて理論的に論じられてきた考え方の一つは「訴訟的」捜査構造論からの説明で、取調べが被疑者の権利として位置づけられるから、「被疑者、弁護人の要求があれば当然に弁護人に立会いを許さねばならない」とするもの、さらに一つの考え方は弾劾的捜査観に立ち「身柄拘束中の被疑者取調べの強制処分性を払拭するためには弁護人の立会いこそ必要である」とする光藤教授の見解、そして先の後藤論文による考え方など多岐にわたっております。しかし、いずれもそれぞれの考え方による捜査構造論からの論理的帰結であって、必ずしも現行法の解釈論でないところに実務上の弱点を持ちます。むしろ端的に被疑者は取調べへの弁護人の立会い請求権を有するものと考えられるべきです。その実質的根拠が、「黙秘権」と「防御権」、そして「弁護人依頼権」です。

　実はこの考え方は、私独自のものではありません。本日の講師であられる神戸学院大学（当時。現在、甲南大学法科大学院教授）の渡辺修先生が、すでにその著書『被疑者取調べの法的規制』（1992年、三省堂）の中で明らかにされていることです。ただ渡辺先生は、被疑者の出頭・滞留義務と取調べ受忍義務とを別のものとして、出頭・滞留義務はあるのだとされます。

　この点については、相当論争すべき問題点があるように思いますが、話を先に進めることにし、取調べの立会請求権を素材として検討をしてみます。

弁護人の取調べ立会権について

　第1に、取調べ立会請求権は、被疑者の黙秘権（憲法38条1項）に由来する手続的な保障として導き出せます。憲法38条1項に定める黙秘権は、アメリ

カ合衆国憲法修正5条の「セルフ・インクリミネーション」と同様のものと解されるところ、アメリカ連邦最高裁は憲法上の権利として弁護人の立会いと国選弁護人の選任を求める権利があるとしております。いわゆるミランダ・ルールです。黙秘権の制度的効果として被疑者は取調べ立会権を有すると解することができます。

　第2に、取調べ立会い請求権は、被疑者の防御権の行使によるものです。捜査手続においても、被疑者は当事者たる法的地位に立つことを保障されています。「防御権」は、当事者主義刑訴法の一方の当事者である被疑者・被告人という地位に内在する当然の包括的権利です。したがって被疑者は、捜査機関の捜査活動に対して、対等の立場に立って主体的に活動し、捜査機関の取調べを抑制しかつ不当な起訴に対抗するいわば「積極的防御権」を有するのです。裁判所の手続に基づく強制処分に対する被疑者の防御権行使の態様は、法律に定められた方法に限定されるとしても、任意捜査については、被疑者は防御上合理的な手段を自由に選択することができると解すべきです。そうしますと被疑者は包括的防御権を行使して弁護人の立会いを要求する権利があるということになります。

　第3に、弁護人依頼権（憲法34条）の制度的保障として取調べ立会い請求権を行使することができます。憲法は被疑者の黙秘権・防御権を実効あらしめるために弁護人の援助を受ける権利を保障しました。身体拘束中の被疑者は、身体が拘束されているそれ自体によって、そこでの取調べに強制処分的色彩を払拭しきれないものが残ることは否定しえません。そこで身体拘束という強制処分の影響を遮断すべき法的手段として、取調べへの弁護人立会いを要求することの自由が、弁護人の援助を受ける憲法上の保障として肯定されると解することによって、取調べ立会い請求権は憲法34条に内在する手続的な保障となります。

　確かに、現行刑訴法には、被疑者の取調べ立会権を保障した規定はなく、わずかに犯罪捜査規範が弁護人の立会のある場合を予定しているに過ぎません。しかし、取調べは本来「任意捜査」であり、かつ取調べ立会権は被疑者の権利を保護こそすれ、これを制約するものではありませんから、具体的な法文をもた

ぬことはなんら致命的でないと考えるべきです。

　しかし、現状の実務から見て、これを疎外する理由としては、①被疑者の国選弁護人制度がないから、被疑者の権利であるとすれば、現に弁護人を選任しているか否かで取扱いを異にするから妥当でない、②被疑者が権利行使をした場合に、直ちに弁護人が警察に出頭できる基盤がないから、取調べが事実上不可能である、③取調べへの立会いを権利とすると、その権利を放棄することの有効性が問題となる、ことなどが指摘されています[11]。

　しかし正鵠を得たものではありません。

　第1の弁護人が選任されるか否かの差異は、取調べ立会権固有の問題ではないはずです。被疑者が弁護人の援助を受ける権利である接見交通権、あるいは勾留理由開示裁判への弁護人の立会権も、弁護人が等しく選任されない現実によって否定されはしません。

　第2は第3の点とも関連します。被疑者が取調べ立会権を放棄すれば任意の取調べは可能です。もっとも被疑者が黙秘権を行使した場合には、取調べ受忍義務否定論に立つと、もともと取調べをしてはならないのですから、右指摘は取調べ受忍義務肯定論を前提とすることになるのではないか。さらに、全国の弁護士会に普及しつつある「当番弁護士制度」は、現在のところ一定の限界があるとはいえ、右指摘を破りうる萌芽であることには間違いなく、取調べ立会権の問題は、この制度の充実・拡大とパラレルに論じられるべきであると思います。もっとも1日10時間以上にも及ぶとされる日常的取調べに弁護人の立会いを求めることは不可能を強いるものです。しかし問題は、わが国の取調べ時間の長さにあるのであって、1日の取調べ時間は裁判所における証人調べの経験からしてせいぜい平均3時間程度にとどめるべきです。

　第3の立会権の放棄は、少しやっかいです。問題はどのような場合に放棄があったと認定するべきかということであり、アメリカにおけるミランダ・ルールもこの点が被疑者の権利保障という側面からは最大の弱点であるように思われます。しかし権利放棄を認めないとするところまで進めるのは、とても困難なことです。やはり、事前においては被疑者の明示の放棄、弁護人が選任された場合には弁護人の同意を要件とし、事後的には「自白法則」の活性化・発展を通じて

解決すべき課題にとどまるのではないでしょうか。そして「当番弁護士制度」は、被疑者が取調べ立会権を放棄するか否かの決定にあたって最も機能することになるといえるようです。

なお、ここでミランダ・ルールのことについて一言触れておきます。捜査実務家の論文の中で、ミランダ・ルールは後退をしているのだという主張が見られます。しかし、この研究の第一人者であられる名城大学の小早川義則教授のお話によりますと、アメリカ連邦最高裁においてもミランダ・ルールの後退はないとおっしゃっておられます。1990年のミニック事件[12]の判例は、そのことを裏づけるものといわねばなりません。

被疑者取調べとテープ録音

さて少し先を急ぎますが、被疑者取調べの可視化の手段として、「弁護人取調べ立会権」と平行して「録音テープ制度化」の問題が議論されております。

被疑者取調べへの録音テープの導入については、これまで弁護人側からは改ざん編集の危険性があること、また違法・不当な取調べによっていったん自白させ、被疑者がおとなしくなった後にはじめてテープレコーダーをつけ「虚偽の自白」を録音された場合、自白の任意性はおろか信用性さえ争い難いこと、捜査実務家からは、もっぱら莫大な予算措置が必要であり、財政的に到底実現困難であるばかりか無駄の多すぎる制度であるとの問題点が指摘されてきました。これらの問題点に対する回答としては、イギリスにおけるテープ録音制度の導入に関する議論の経過と実践を踏まえた渡部保夫教授の論稿が有意義です[13]。

要するに改竄編集の危険性を防止したうえで、身体拘束中の全取調べ過程を録音することが導入への条件となります。そのためには1日の取調べ時間はせいぜい3時間までとしなければならないことになります。このようにしても現実の捜査活動は決して阻害されないはずです。わが国の全刑事事件の90％以上が自白事件であって、とりわけ身体拘束を受けた被疑者の圧倒的多数が極めて早い段階ですべての事実を語ることは経験則上明らかです。

それにもかかわらずわが国の取調べは、自白事件について、あまりにも無駄な調べが多すぎます。そして黙秘権を行使した事件あるいは積極否認をする事件についてはそれなりの理由があるにもかかわらず、勢い「自白」を獲得するための違法な取調べが目立ちすぎます。かかる悪しき現実を前提として録音テープの導入に反対することは強く戒められねばなりません。

　むしろ、ここでの議論における欠落は、立法論としてではなく、現行法上何を根拠として導入すべきかという議論の立て方です。比較法的にその有効性を強調するだけでは立法論的課題に押しやられます。そこで私は、被疑者の包括的防御権に基づいて、被疑者が録音テープをとることを請求する権利を有すると解したいのです。録音テープの導入に財政的難点があるとすれば、とりあえずは録音設備はともかくとして、被疑者がテープの費用を負担することも考えられましょう。

　取調べ立会い請求権と録音テープ請求権のいずれが優先するかという議論も無意味です。被疑者は取調べを受けるにあたって、自らの状況に応じて両方をあるいはどちらか一方を自由に選択し要求する権利を有することになるからです。

最高裁判決と接見交通権

　被疑者取調べの問題について、主として被疑者の防禦権保障という視点から若干の検討をいたしました。しかし現状は依然として被疑者取調べの重視・多用であり、そこでは違法・不当な取調べが行われることも必然のように思われます。とくに、被疑者が黙秘や否認をしている場合には、その傾向がいっそう露骨となります。このような問題を解決するには、どうしても捜査段階における弁護士の介在が不可欠であることはいうまでもありません。

　そこでまず、もっとも問題となりますのは、やはり身体拘束下の接見交通であります。この問題につきましては、日弁連におきましても国賠訴訟の提起を契機として相当深く議論されておりますので、この実践を支える理論について2点だけ指摘しておくにとどめたいと思います。

1つは、いわゆる「浅井事件判決」(最判平3・5・10)を見ましても、最高裁は接見交通権は、憲法34条の「趣旨に則り」保障されたものという表現をし、必ずしも憲法上の権利だとは明言していないことです。しかし三井誠教授は「接見交通権規定の成立過程」『平野龍一先生古希祝賀論文集（下）』の中で憲法の立案過程を根拠に、刑訴法39条1項の接見交通権は憲法34条と同38条1項に基づく憲法上の権利だと解釈されておられます。これはたいへん大きい支えです。憲法37条3項は「刑事被告人は、いかなる場合にも、資格を有する弁護人を依頼することができる」としました。この場合の「刑事被告人」に被疑者が含まれるのか否かは争いのあるところですが、そのこととは別に憲法は34条において「直ちに弁護人に依頼する権利を与へられなければ、抑留又は拘禁されない」とわざわざ規定したのですから、被疑者は逮捕勾留に対抗して、その防御上、取調べに優先して弁護人の接見を求める権利を含んだ保障が受けられると解さざるをえません。

　したがいまして2つ目は、取調べは本来刑訴法39条3項の「捜査のため必要があるとき」の中に入らないとするのが正しい解釈となります。私は、法39条3項に関して、これまでとられてきた多数説であるところの「物理的限定説」には理論的弱点と限界があると考えてきましたし、その旨の発言もしてきました。「杉山事件判決」では見えなかった弱点が、「浅井事件・若松事件判決」で出たように思います。

　渡辺修先生はこの点について、先にご紹介しました『被疑者取調べの法的規制』の中で、弁護人の接見の申入れが、取調べを常に中断させることのできる「中断効」があるとされ、明確な回答を出しておられます。神戸弁護士会「刑事弁護センター通信」2号(1991年8月3日)の中でも先生の同じ趣旨の講演を収録しておりますので、ぜひお読みいただければ幸いです。

弁護人の勾留質問立会権

　次に、私は弁護士会が今後の課題として取り組むべきテーマのひとつに「弁護人の勾留質問への立会権」を確立していくことがあると考えております。

勾留裁判において、弁護人の立会権を認める規定はありません。しかし、勾留裁判も裁判の一種であることは否定できませんし、勾留裁判において裁判官は勾留の必要性等について「事実の取調べ」をすることもできるわけですから、弁護人から立会いの申入れがあれば、原則として勾留質問に立ち会わせたうえで意見を聴取するべきであります。もとより被疑者の「防御権」「弁護人依頼権」から理論的に裏打ちされます。

　刑訴規則33条の関連ですが、確かに規則33条1項は、訴訟関係人の「意見聴取」を義務づけてはいません。だが、弁護人の申出がない場合はともかく、申出があった場合にもこれを拒否しうると解するとしたら、その処分には憲法34条違反の疑いが生じてくるといえましょう。

　日弁連の推し進めております「当番弁護士制度」は、実は捜査弁護のあり方を問い直す激しい闘いであるといってよいと思います。しかし人的にも、財政的にも大きい不安も抱えて走り出していることもまた現実です。私は、これを解消する一つの方策としましても、当番弁護士が裁判所に待機しており、勾留裁判に先立って、被疑者に接見するか、あるいは勾留裁判に立ち会って、「弁護人となろうとする者」の地位において助言を与えることを制度的に可能とする体制を整えることができればと考えます。

　理論的にも、実践としても、努力次第でかなり見とおしがあるものとひそかに考えているのですが、いかがでしょうか。

結びにかえて

　次に本日のテーマのひとつであります、勾留後の取調べが違法・不当な場合、被疑者は代用監獄から拘置所への移管を請求することができるのかという問題についてですが、このあと渡辺先生から詳しいお話を伺うことになっておりますので、私のとる結論のみ申し上げます。

　現行における移監請求の手続としては、①検察官の移監指揮の発動を求める、②裁判官の職権発動を促す、③刑訴法87条により勾留裁判中の代用監獄を指定する部分の取消しを求める、④準抗告によって勾留裁判の変更を求め

る、などの方法があります。

　しかし、被疑者は違法・不当な取調べに対抗して、包括的防御権を実質上の根拠として、移監請求権を有すると解します。条文上の根拠としては、刑訴法87条の類推適用が可能です。

　問題は、弁護人の実践です。弁護士会は、代用監獄廃止論に立っております。それにもかかわらず、私を含めてですが、現実の弁護活動の中で移監請求を求める手続をとることがあまりにも少ないのではないでしょうか。反省を要するところです。

　最後に、取調べからの解放は、やはり身柄の早期釈放につきます。

　捜査弁護は、理論より「力仕事」であるというのが私の持論です。被疑者が無実の者であると訴える事件などで重要な事件につきましては、やはり連続接見（毎日欠かさず接見すること）を欠かすことはできませんし、勾留に対する準抗告、勾留理由開示請求、勾留取消し請求等の申立てを臆することなく有効に活用していくことです。

　とくに勾留取消し請求については、実践の中でもう少し活用されねばなりません。2日ほど前の平成4年7月28日の朝日新聞の夕刊に交通取締りの問題に端を発して公務執行妨害罪で拘束された被疑者の勾留処分が事後に取り消された決定例が報告されておりましたが、勾留状態を利用する被疑者の取調べが違法にわたることを理由として刑訴法87条の「勾留の必要性がなくなった」ことを法的根拠とした申立ては可能であります。先例としましては東京地決昭45・8・1判夕152-238が参考となります。

　その他、申し上げるべき多くの問題も残されておりますが、時間の関係上、一応ここで終わらせていただきます。

補説

　本稿は、平成4年7月30日に実施された日本弁護士連合会主催による近畿地区・特別研修における問題提起です。日弁連研修叢書『現代法律実務の諸問題〈平成4年度版〉（下）』（1993年、第一法規）3頁に掲載されました。

本稿中、渡辺修教授が、出頭・滞留義務と取調べ受忍義務を区別した理論構成を立てられたことについて「論争すべき問題点がある」としたことに関して、ここで触れておきたいと思います。

　本稿の中でも述べているように、これまでの通説的認識によると、「出頭・滞留義務」＝「取調べ受忍義務」であるとして、取調べ受任義務の問題を把握してきました。これに対して渡辺教授は、身体拘束中の被疑者には、出頭・滞留義務が課せられるが、取調べは任意捜査であるから、取調べそのものを受任する義務はないとしました（前掲『被疑者取調べの法的規則』210頁）。

　もっとも、この区分自体は必ずしも新しい考え方ではなく、松尾浩也教授も、被疑者が逮捕または勾留されている場合には、「出頭拒否および退去の自由がないので、取調べもまた強制の性格を帯びる可能性が大きい。従って、被疑者には供述しない自由だけではなく、取調べそのものを拒む自由も認められなければならない」とする見解を早くからとっておられます（『刑事訴訟法（上）〔第1版〕』〔1979年、弘文堂〕65頁）。

　ただ、渡辺教授の見解は、法198条1項の但書の解釈について、従来から取調べ受忍義務否定説からの法文解釈には無理があるとされてきた点に対して、「身柄拘束中の被疑者について出頭・停滞義務を課して捜査機関が取調べの場を確保する最小限度の権限を認める趣旨である」と解することによって、この文言上の解釈を試みようとしたことにとどまらず、真のねらいは、警察・検察実務が次第に裁判実務においても受け入れられ、まったく動かなくなった現状（「奇型の定着」）への打開策という提案が込められていると見てよいでしょう。さらに留意しておくべきことは、あえて被疑者の取調べの必要性を肯定したうえで「情状に関わるような重要な犯行態様や殺意の故意、共謀等の主観的事情について、すべてを物証等の情状証拠で解明するには限界がある。自白を得る機会の保障は必要である」とされたことです。これは、わが国の刑法典が、構成要件の中に多くの主観的要素を取り込んで構成されているから、その「当てはめ」のためには、被疑者からの取調べが不可欠であるという実体法と手続法とのつながりをも視野に入れたものと読むべきで、新たな問題提起でした。

　それにもかかわらず、私は渡辺提案に異論があります。

2つの視点から検討してみたいと思います。第1は、取調べの処分性の視点から、第2は勾留の目的と取調べの視点からです。

まず第1については、被疑者に供述拒否権（供述の任意性）があることはいかなる立場に立っても争いがなく、取調べの任意処分性の問題が問われます。

通説的取調べ受忍義務否定説（以下、「否定説」という）によると、被疑者に対する取調べの法的性格は「任意処分」であって、それは身体不拘束か身体拘束かを問いません。したがって、取調べに応じるか否かは被疑者の自由であるから受忍義務はありません。仮に、取調べのために出頭・滞留義務を課すれば、それは、もはや「強制処分」となり許容されないとしました。

一方、捜査実務のとる取調べ受忍義務肯定説（以下、「肯定説」という）は、その法的性格について「任意処分」としながら、出頭・滞留義務を課したとしても、被疑者には供述拒否権があるので「強制処分」とはならないと説明してきました。しかしながら、肯定説に立つと、被疑者の意思の有無にかかわらず、仮に意に反しても、ともかくも居房（拘束されている「監獄」）から取調室へ出頭することを強制すること、そして取調べのために長時間調べ室に滞留させることが可能であり、現にそのような実務がとられており、そのことは「強制処分」というほかないでしょう。

そこで肯定説の中のごく一部には、身柄拘束中の取調べ＝強制処分と割り切って位置づける見解（とくに「警察実務」）もあります。が、取調べを強制処分とすることの法的根拠がありません。刑訴法198条1項但書をそれに当てはめるには無理がありすぎるのです。そしてなにより刑訴法198条1項本文に規定された取調べ権限は、あくまで憲法で保障された被疑者の根源的基本権（その1つが憲法38条1項）の枠内において認められていると解するべきですから、取調べ権限＝強制処分という構成は到底通用しうる論ではないでしょう。それゆえに肯定説の多くが取調べを任意処分とする前提で理論を組み立てている理由でもあろうと思います。

この点について、渡辺教授は、「取調べは任意捜査である。被疑者は出頭・滞留義務の事実上の効果として取調べを受ける」とします（前掲211頁）。しかし、取調べが任意捜査であるにもかかわらず、なぜ被疑者は出頭・滞留義務

が課せられるのかが不透明ではないでしょうか。

　次のようなケースを想定してみましょう。

　被疑者は逮捕中に捜査官から暴行を受けたとして、法の原則どおり代用監獄ではなく拘置所に勾留（収容）されたうえ、施設の管理者に対して今後の取調べには応じない旨の意思を明らかにしている場合、捜査官はどのような方法で被疑者の取調べをすることができるでしょうか。

　捜査権に基づいて一方的に被疑者を拘置所にある取調室へ連行することができるでしょうか。身体の管理責任は拘置所にあること、拘置所の職員には身体を拘束して取調室へ連行する権限がないのですから、担当官をして取調室に来ることを「説得」してもらうほかないことになるでしょう。

　代用監獄の場合であっても、身体が警察にあるからとして取調べにあたって警察官が捜査権に基づいて取調室へ直接連行することができないことに変わりはないと思います。

　とすると、出頭・滞留義務があるといってみても、それは「説得をする」ことの枠を超えることができないのですから、法的義務があるといえないことになります。

　「出頭・滞留義務の自由がない供述拒否の自由」という発想が非現実的であるという批判は、弁護人の取調べの立会権等によって被疑者の権利保障を図ることを前提とする渡辺説にはあたりません。が、それ以前の理論的整合性に弱点がありはしないでしょうか。

　次に第2の点については、いうまでもなく被疑者の身体拘束（逮捕・勾留）は、刑訴法の規定に基づき、逃亡または罪証隠滅の防止を目的として一定の場所に拘束しておく処分であって、取調べのためのものではありません。したがって、身体拘束の問題と取調べの問題とは分離して考えるべきが原則です（田宮裕『刑事訴訟法』〔1992年、有斐閣〕132頁）。

　しかるに、捜査実務の現場では、身体拘束をあくまで捜査のための処分、端的に言えば自白を獲得する手段であると考え運用していることは明白です。裁判実務においても、さすがに身体拘束を被疑者の取調べを目的とはしていないものの、身体拘束＝取調べの必要性という状況を追認してきたことが問われてき

ました。

　これについて渡辺教授は、法は取調べを逮捕・勾留の本来の目的としていないが、「司法審査によって犯罪の嫌疑があると確認された被疑者について取調べの場を確保するため出頭・滞留義務」を逮捕・勾留の付随的効果として導き出します。

　しかし、本来の目的でないとしても、つまるところ、被疑者の取調べというかたちで拘束することを承認することになって、ここでも教授の令状主義の考え方と矛盾するのではないでしょうか。そして、提案の意図を離れて現状の実務を肯定する理論に利用されることになりはしないかとの危惧を禁じえません。

　少し過激に表現すれば、弁護人側から見て、取調べ室を強制処分あるいはそれに近いかたちのものに位置づけない限り「真実の発見」が困難であるという捜査実務家の主張は相当にまやかしであって、現在の取調べを正当化するための、いわば裁判所に対する脅迫であるとさえ見てよいと思います。そして、無能な捜査官ほど違法な取調べをするという実態があり、私の知る多くの有能な検察官は、取調べを任意捜査と見たうえで充分に被疑者の権利保障を図りつつも、必要な「供述」を獲得しているということを付言しておきます。

[1]　松下一永「自白法則の実務的考察」（警察学論集24巻2号）。
[2]　澤登佳人「身柄拘束中の被疑者の取調べは現行上許されない」（1979年、法政理論12巻1）。
[3]　井戸田侃『刑事手続の構造』（1982年、有斐閣）。
[4]　たとえば原田明夫「被疑者の取調べ」『刑事手続（上）』（1988年、筑摩書房）。
[5]　渥美東洋「取調と供述に関する法理」（法曹時報39巻5号）。
[6]　網川政雄『被疑者の取調技術』（1977年、立花書房）。
[7]　三井誠「被疑者取調べとその規制」（刑法雑誌27巻1号）。
[8]　田宮裕「被疑者の取調べ」（月刊法学教室78号）および前掲・三井177頁。
[9]　多田辰也『セミナー刑事手続法・捜査編』（1990年、啓正社）。
[10]　光藤景皎『口述・刑事訴訟法（上）』（1987年、成文堂）。
[11]　多田辰也「被疑者取調べとその適正化」（立教法学30号）。
[12]　Minnic, V. Missirpi. 111-S. ct486 (1991).
[13]　渡部保夫「被疑者尋問のテープ制度」（判タ556号、同608号）。

第5章　接見交通権について

　被疑者の接見交通権は、とりわけ身体を拘束されている被疑者の防御権にとって極めて重要な権利である。そして、捜査弁護は「接見に始まり、接見に終わる」といっても過言ではない。

　本章は、私流の「接見交通論」であって、4節から構成されている。

　第1節の「接見交通権の再構成」は、渡辺修編著『刑事手続の最前線』(1996年、三省堂)の中の第1部第5章に収録されたものである。

　第2節の「接見交通権再考」は、日弁連の「自由と正義」45巻8号(1994年)に掲載したもので、平成3年の浅井・若松判決以降、平成5(1993)年12月末日までに出た13の下級審判決を分析したもので、第1節の論稿における問題意識の土台となっている。平成11(1999)年3月24日の最高裁大法廷判決とその後の小法廷判決との関係で若干、補説を加えた。

　第3節の「効果的な弁護人接見」は、弁護士が身体拘束下の被疑者に対して接見するにあたって心がけておくべきことについて、私がこれまでに思いつくまま発言してきたことの要旨である。

　第4節の「接見交通の補助手段について若干の考察」は「刑事弁護センター通信」8号(1994年3月)に収録されたものである。

第1節　接見交通権の再構成

問題の所在──接見交通権をめぐる問題点の変遷と現状

　本章では、今までの刑訴法39条をめぐる実践と理論の成果を吸収したうえで、同条3項の「接見指定」処分の法的性質につき、これを任意処分と捉え直

すことを提唱するもので、その前提として接見交通権の憲法上の性格づけについても若干言及する。最初に、ごく大ざっぱに接見交通に関するこれまでの問題を整理しておく。

接見交通権における問題点

　接見交通権は、被疑者・被告人とりわけ身体を拘束された被疑者にとって最も重要な防御権のひとつである。被疑者が弁護人といつでも自由に面会でき、援助を受ける権利は、自ら蒙るさまざまな不利益を回避するための生命線である。一方、捜査側は自白の獲得を目指した取調べの中核として身柄を必要とする。

　それゆえに、捜査権と弁護権の相克する最前線上の問題となり、昭和28（1953）年頃からそこで最も尖鋭に対立したのが、一般指定書による接見規制であった。しかし、これに対する学説の大方の批判と、昭和42（1967）年3月7日の鳥取地裁決定（下刑集9-3-375）以降、一般的指定処分を取り消す決定例が主流となることによって、一般指定処分の取消しを得ることで個別的解決が図られるかに見えた。

　ところが実務の運用は、昭和46（1971）年頃から一般的指定を「内部通知書」として変容させることによって、その処分性を薄め、あくまでも具体的指定書の持参を要求（指定処分なき接見指定）することになる。この新たな方式を違法とする下級審の決定例も多く出されたが、一方でこれを肯定する見解が、とりわけ昭和47年代以降の東京地裁令状部を中心として強化され（たとえば、東京地決昭47・6・15判時708-102、同昭47・10・3判時697-106）、問題はいっそう深刻化した。

　日弁連は、昭和47年1月22日の理事会において「接見指定に関して国家賠償に基づく捜査当局の責任を問う」との方針を打ち出したが、そのねらいが「一般指定処分なき接見指定」の打破を目指したものであったことはみやすい。

　この運動方針の中で取り組まれた「杉山事件」につき、昭和53年7月10日、最高裁の判決を見る（民集32-5-820）。この判決の基調が接見交通権を被疑者の重要な憲法上の権利と認め、いわゆる「限定説」にたったことは明らかであ

るにもかかわらず、捜査実務家は、なお「非限定説（捜査全般説）」にこだわり、弁護人に検察官との事前協議を求め、これに具体的指定書の交付を連動させることによって、これまでの指定書持参方式を実現させ、これを肯定する決定例が次第に主流へと移る（たとえば、東京地決57・11・29判時1086-155）。

それに加えてこれまであまり論じられていないが、注視しておくべきは、昭和55（1980）年4月、それまで刑事部門で行われていた留置業務を管理部門に移管し、犯罪捜査と分離したことによって生じた問題の変化についてである。

留置業務と捜査の分離は、「自白強要の温床となる」という代用監獄の弊害を回避するための過度期的改善として一定の評価が与えられてよいが、こと接見ということになると、皮肉にもかえってその実現が困難になるケースが生じた。すなわち、分離前は被疑者の取調べにあたっている捜査官（司法警察職員）が、身柄を直接扱っていたから、弁護人は当該捜査官と交渉することによって、あるいは激しい論争をくぐることによって、いかなる場合（たとえば取調中）でも、いかなるとき（たとえば執務時間外）にでも、自由に接見を実現させることが可能であったし、そのことを可能にすることが弁護人の力量とされた。

しかし、分離後、捜査官は表面上後退し、すべて留置責任者との交渉になる。留置責任者は、通知事件である場合、まず具体的指定書の持参を要求する。相当説得を重ねても検察官により口頭の指定を受けることに積極的に協力してくれることまでが限界で、それも取調べ目的による接見妨害からではなく、内部的職務に忠実であらんとするところから来る対応であるから、弁護人としてはなかなか突破できない（検察官も現実に捜査にあたっている警察官に配慮してか、速やかな指定をしない）。その結果、捜査権と弁護権の対立が激しい事件においては、以前にも増して接見が困難となる。このために接見指定をめぐる国賠訴訟は後を絶つことがなかったといえる。そのことは、刑事弁護の経験豊かな弁護人が担当したはずの「浅井事件」「若松事件」を見れば理解できる。

かくして残された最大の問題点は通知事件において、検察官との事前協議なく（指定書を持参することなく）、直接留置場所に出向いて接見ができるか、とりわけ被疑者が取調中であった場合、それを中断させた接見の実現が可能かという、実は接見交通権の最も基本的原理に関わる問題に立ち返ったのである。

接見交通の現状

　ところで、杉山判決以降の学界を中心とする議論は、前述のとおり、問題の所在が接見交通権の原理を問う争いに集約され、かつ先鋭化されていたにもかかわらず、杉山判決を高く評価し、せいぜい判旨の解釈を厳格に読み取ることによって、接見交通権の保障を確立するという守りの姿勢に終始してきたといえまいか。しかし、杉山判決は内実において、たとえば捜査機関が身柄の利用中は、原則として接見指定を認めることになるという取調べ優先の思想を排除することができないという弱点を持っていた。果たせるかな「浅井事件判決」（最判平3・5・10民集45-5-919）および「若松事件判決」（最判平3・5・31判時1390-33）は、「捜査のため必要があるとき」につき、杉山判決の線上にあって、限定説の立場をとったものの、学説の分類に従うなら、限定説のうちのむしろ準限定説に近い立場へ後退したと読めなくもない。

　一方、実務の現状は、現在のところ比較的安定した運用がなされていると見てよい。

　まず、一般的に見て、通常の事件（通知事件でない）では、弁護人が事前に留置係員に連絡することなく、直接留置場所に赴いても、被疑者が実況見分の立会いなどで施設外に出ている以外は、現に取調中であっても、取調べを中断し接見することができる。また、執務時間外であっても、午前7時以降午後9時までの間であれば、まず接見を拒否されることはない（警視庁被疑者留置規定49条1項参照）。

　しかし、通知事件の場合には、必ずしも通常の事件と同様というわけではなく、検察官との事前協議の有無が問われることが多い。ただ、検察官にあらかじめ連絡をとると、口頭による指定がなされるうえ、ほぼ弁護士の希望に添った日時に接見が可能である。その意味では最近の接見事情は、接見自由化の方向に進んでいるといえよう。ただ、通知事件では、取調べとの関係で、接見時間の制約を受けているという不便さは、なお残っているようである。

　この接見自由化の方向は、日弁連からの相次ぐ国賠訴訟の提起、法務省との協議、さらに国際人権法の領域における動向等によってもたらされたものと

思える。しかし、最高裁の判例、その後の下級審判例を分析していくと、実務の現状よりはるかに後退した内容のものとなっており、状況の変化によっては、現在の実務の流れが逆流しないという保障はない。また極めて例外的にではあるが、なお従来と同じような接見制限がとられる事件もあると聞く。むしろ、今こそ、原理的問題に立ち返った理論的詰めがなされ、いかなる事件においても常に取調べに優先した接見交通権確立への道が展望されるべきであろう。そこで、以下では、今後の接見交通の拡充という視座に立って、①接見交通権の憲法上の性格づけと、②接見指定の法的性質の2点について、問題提起をしたい。

接見交通権と憲法34条の解釈――「手続的権利」の優位性

　実務における最大の問題は、すでに述べたとおり被疑者取調べとの衝突であるから、問題点をこの点に絞って検討する。

最高裁判例に見る見解

　そこで、前出の最高裁3判例によると、現に取調中や、取調べ開始の間近い確実な予定があって、接見を認めると、捜査の中断の支障が顕著な場合には接見の指定ができる。ただ、取調中や取調べ予定は当然に顕著な支障になるのか、実質的要件は捜査中断の顕著な支障の有無であって、取調中であっても、さらに捜査中断による支障が顕著でなければならないのか、なお解釈の余地は残されている。学説においては、後者として読むべきであるとの有力な見解もある[1]。

　しかし、いずれの立場に立つとしても、取調べを遅らせたり、取調べを中断することによって顕著な支障が生じる場合は法39条3項によって接見指定ができることに変わりはない（捜査中断の顕著な支障基準説）。そうであるとするなら、当該事件の公判段階においてあるいは国賠訴訟として当該指定の適否が事後的に吟味されることはともかく、現実の接見の可否が争われる最前線においては、検察官の主張によってその判断が左右されることは避け難いし、解釈上も何を「顕著の支障」と見るかは幅が生じ不分明である。また、指定処分を争う

準抗告審の審理においても、その基礎は捜査側の答弁に頼らざるをえず、しょせん取調べ優位の結果に至ることは当然の成り行きであろうし、これまでの対立が氷解することはない。

つまるところ、接見交通権は「捜査の中断の顕著な支障」という枠はあるにしても、果たして取調べに譲歩しなければならないのか、あるいは絶体的に優先するのかという原理的問題が問い直されねばならず、捜査中断の顕著な支障基準説にとどまる限り、人権の保障という側面から見た真の解決はみない。

とくに、最高裁判決後の最近の下級審判決の中には、前日に翌日午後の接見を請求してもその時間帯に取調べ予定があれば接見指定をしてもよいとする裁判例（仙台高判平5・4・14判時1463-70）すら登場するに至ると、捜査中断の顕著な支障基準説に立って限定解釈をとっていくという手法それ自体は解釈指針として重要であるものの、やはり理論的な限界があるといわねばなるまい。

そこで、接見交通権は取調べより常に優位するとする新しい見解（接見交通権優位説）が積極的に支持されるべきであると考える。

接見交通権優位説

接見交通権優位説は、いうまでもなく、接見の申出があった場合、捜査側の事情とかかわりなく原則として接見を認める考え方である。

条文上の根拠は刑訴法39条1項と3項但書に置く。そして1項は大原則であってかつ明らかに接見交通権の自由を原則とする。そのうえで被疑者の「防御準備権」を保障した3項但書は、但書の形式をとるものの補足的に考慮すればよいという趣旨ではなく1項と一体となって自由な接見交通権が原則であることをいっそう明確にしたものと読む。

そして、なによりも接見交通権が憲法上の権利として取調べ権限より優位性を持つことを前提とした構成が基礎に置かれている（接見交通権と憲法の関わりについては後述する）。

もっとも、接見交通権優位説に立って、3項の接見指定の役割をどう見るかということになると学説は一様でない。

たとえば、1つの考え方は、物理的に接見が可能であれば実況見分や検証の立会中でも接見が認められる。ただ弁護人は収容施設での接見を望めば、捜査機関はそのための接見指定を行うとするもので、指定処分の最終拒否は39条3項但書の事由にかかり、その判断権は弁護人にあると解している[2]。この考え方では、接見指定とは施設に戻る時間を弁護人に知らせる程度の任意処分でしかないことになる。その意味で、「調整・連絡説」と呼べよう。

　もう1つの考え方は、被疑者の身体拘束処分を除いて、被疑者を客体とする強制処分が行われる場合に限り「捜査の必要」を認めるとする見解である[3]。この考え方では、接見指定とは強制処分実施中で接見できない時間を設定し弁護人に告知する処分と解することになる。「強制処分限定説」と呼ぶことができ、指定の性質は強制処分となろう。

　しかし、いずれの見解も学界では少数説にとどまり、接見交通権をめぐる議論は停止したままであるように思える。このことは実務弁護にとって深刻かつ不幸なことである。そこで、接見交通権の憲法上の位置づけについてあえて以下のような問題提起をするものである。

接見交通権の根拠

　さて、接見交通権を憲法が直接保障した権利と見るか、憲法に由来するが刑訴法の規定によって創設された権利と見るかによって、取調べ権限との関係における結論は大きく変わってくる。私の結論は接見交通権は憲法34条前段の弁護人依頼権から直接導き出される憲法上の権利であり、一方、取調べを含む捜査権限は憲法41条以下の立法権によって法律として創設された権限であると解している。したがって、接見交通権は取調べ権限に対して絶体的に優位する。

　ただ、こう解釈しても、刑罰実現のためには「真実の解明」が必要だし、かかる重大な役割を担う「捜査権限」に比して、接見交通権が絶体に優位する権利と言い切れるかという疑問はなかなか払拭できない。やはり「公共の福祉論」あるいは「内在的制約論」によって、捜査権との調整の余地を残すのが妥当ではないかという疑問が残る。

この疑問を取り除く手がかりを、私は、「実体的権利」と「手続的権利」という基本的人権の区別に求めたいと考えている[4]。

　もともと憲法31条から39条までの刑事手続に関わる規定は、二重の性格を持つ。市民一般に保障すべき生活利益そのものを定めている側面と（実体的権利）と、その生活利益を国家権力が刑罰権の実現のため侵害せざるをえないときに遵守されるべき手続のあり方を定めている側面（手続的権利）である。憲法34条は、まず、正当な理由がない限り人身の自由を侵害されない生活利益があることを確認する。次いで、かかる生活利益を侵害する場合には、憲法は適正な「手続」の保障を別に要求する。①理由の即座の告知、②弁護人依頼権の即座の保障、③本人の請求により、迅速かつ公開の手続で弁護人立会のうえ、その理由の開示をすることである。かくして、「実体的権利」と別に「手続的権利」を認めることができる。また、区別する意味もある。

　第1に、捜査・公訴による処罰の実現という一種の「公共の福祉」による制約が及ぶのは、「正当な理由によらないで自由を拘束されない」という概括的・抽象的な実体的権利であって、その制約の「手続」については憲法の個別のルールを侵害することはおよそできないと限定する余地を見つけることができる。たとえば、取調べ目的で自由を拘束できるかどうか問題になるが、わが国刑訴法は、憲法38条の黙秘権保障との兼ね合いからも、犯罪の相当の嫌疑のある者について逃亡と罪証隠滅を防ぐ必要がある場合に限り、自由拘束の正当な理由を認める。取調べの必要性は、人身の自由を制約する正当な理由とされていない。とすると、実体的権利の制約に必要な「手続」である弁護人依頼権＝接見交通権の保障について、取調べの必要を理由にして制約することはおよそできまい。

　第2に、実体的権利に比べて、条文の文理上も内容が具体的・個別的であることだ。これは、仮に法律上別途の定めがなくとも、憲法の文理に含むことのできる利益は具体的・個別的な権利としての効力を持たせても差し支えないことを意味する。弁護人「依頼」の内実が身体が拘束されている者の防御のための弁護活動の依頼である以上、「接見」は不可欠の内容となる。刑訴法の規定を待つまでもなく、憲法自身が個々の被疑者・被告人に弁護人との接見の権

利を与えていると解釈できる。

　もっとも、実体的権利の範囲は立法に委ねられている側面があるのに、これを制約する手続のほうは立法政策に委ねられないというのは本末転倒の感を否めない。しかし、接見交通の充実という実践的観点から見れば、「手続」の優位性こそ大切である。

　第1に、刑事手続に関する憲法の各規定について、公共の福祉といった抽象的な価値によって限定すると極めて不当な結論になる。たとえば、強制処分法定主義を定める憲法31条について、公共の福祉のための緊急処分は明文なくできることも同条は予定していると解釈することはできまい。憲法33条は、現行犯逮捕を除き逮捕は事前の令状によるという「手続」を定めているが、刑訴法の緊急逮捕については「公共の福祉」を理由にして憲法33条が当然に予定しているので合憲だというラフな解釈もとれない。憲法35条についても、プライバシーの権利と財産権という実体的権利を保障すると同時に、かかる権利を侵害して証拠物を保全するには厳格な令状手続を求める。ここでも、「公共の福祉」を根拠にして緊急の必要があれば令状なしに捜索差押えをすることも認められるという解釈は支持されまい。つまるところ、「手続」の厳格な保障自体が憲法の要請だからである。

　憲法34条もこれと同じである。弁護人「依頼」の不可欠の内容である接見は、「公共の福祉」＝捜査の利益なり取調べの必要性では制限できない（ただし、逮捕・勾留の目的を不可能にする態様の接見が許されないことは、権利の性質上当然だが）。

　第2に、かかる「手続」は端的に被疑者・被告人の防御のための権利である。防御は、その「プロセス」を保障することに意味がある。接見交通権は、事の性質上広い意味での防御に関する情報交換を目的としている。しかし、国家権力が、被疑者・被告人と弁護人が何を話し合っているのかを探ること自体を禁ずる。自由・秘密のコミュニケーションという「プロセス」＝手続を保障することが権利の本質である。その結果、無辜の者が処罰を免れたかどうかといった結果とは関わりがない。要するに、「手続」自体の保障が実体的権利以上に重みがあることを認識しなければならない。

そうすると、取調べの必要性によって、接見交通権を制約できるいかなる場合もありえないということにならざるをえない。もっとも、上記の議論は、まだ試論の域を出ず、今後憲法学界の議論との整合性等を含めてさらに検討したい[5]。

接見交通権と刑訴法39条の解釈――「接見指定」任意処分説

法39条3項の接見指定の処分性

　第2の問題提起は、法39条3項の接見指定の処分性についてである。もとより、接見交通権が憲法上の権利であるとして、3項をどう解するのかという問題にかかわる。すでに見てきたとおり、接見交通権優位説からは極めて説得力ある回答が与えられている。

　しかし、これまでの議論は、いずれも接見指定＝強制処分であることを前提としているように思われる。だが、接見指定を強制処分と理解することには疑問がある[6]。

　まず、逮捕・勾留中の被疑者取調べを強制処分と考えるか、任意処分と考えるかについては争いがあるが、任意処分と解したい。とすると、取調べが任意であるにもかかわらず、取調べ継続のため被疑者・弁護人の接見を拒むことのできる接見指定のほうが強制処分であるとするのは背理であろう。仮に取調べを強制処分であるとしても、法は、取調べについて黙秘権の告知や調書の読み聞け、増減変更申立、署名・押印拒否など厳格な規制（法198条2項ないし5項）を置く。これとの対比から見ても、取調べの手段となる接見指定について強制力を与えたと見るには、被疑者の利益を守るための手続要件が弱すぎるというべきである。

　条文比較からも強制処分と解するのには疑問がある。接見指定の権限について、捜査機関は「捜査のため必要があるときは……接見又は授受に関し、その日時、場所及び時間を指定することができる」とされ（39条3項）、取調べとそのための出頭要求の権限については、「犯罪の捜査をするについて必要があるときは、被疑者の出頭を求め、これを取り調べることができる」と規定されて

いる（法198条1項）。ともに「捜査の必要」のために認められる同種権限である。そして、取調べが任意捜査であることはほぼ一致した理解である。とすると、ほぼ同一の文理で規定されている接見指定権限も、これと同性質と解釈すべきである。

　さらに、法198条1項は「被疑者は……出頭を拒み、又は出頭後、何時でも退去することができる」とし、39条3項但書は「その指定は、被疑者が防禦の準備する権利を不当に制限するようなものであつてはならない」と定めて、被疑者側の権利を明示する。前者は、逮捕・勾留中であれば出頭・滞留拒否権がなくなるかどうかをめぐり学説と実務・判例の鋭く対立するところである。が、取調べ受忍義務否定説に立つのであれば、逮捕・勾留中であっても取調べを拒んで監房に戻れる強力な権利が認められていることになる。取調べが当然に優先するとは解釈できない。39条3項但書も同じである。これを指定権行使における注意規定と読むのは不当だろう。防御権行使、つまり接見こそ優位することになるはずである。

　結局、取調べ権限も接見指定権限も被疑者の防御の権利には優越できないことが条文構造からも伺える。ともに単なる任意処分と解してよい。

　さらに、被疑者と弁護人以外の者との接見を禁止する処分の権限が司法的抑制の見地に立って、もっぱら裁判官にのみ認められているうえ、禁止処分の理由も法定されている（法81条）。それにもかかわらず、弁護人の接見を制限する指定処分が一方の当事者である捜査官に与えられていることを考えると、当該指定処分に強制力（公定力を有する法的効果）があると解することは、刑訴法の構造上、許容されない解釈というべきである。

刑訴法430条1項の関係

　ところで、接見指定処分を任意処分であると解することについての難点は、刑訴法430条1項の関係であろう。

　法430条1項は捜査官がなした処分に対して、その取消し・変更を求めることができるとした規定であるが、伝統的法解釈によると取消し・変更の対象となる処分は強制処分であることが前提とされる。ゆえに、指定処分も当然に強

制処分であると解されてきたのだという反論が予想されることである。

　しかし、そのように解する必然性は認められない。法は捜査官のなす接見指定が強制処分であるか、任意処分であるかにかかわりなく、むしろ被疑者が身体拘束下にあることに注目し、捜査官が弁護人との接見について不当な制限をした場合、その制限がどのような態様であろうと「接見拒否」という事実上の処分を排除するために裁判所が常に救済を与えることができる趣旨でとくに規定されたものであると読むことができる。また、このように解するほうが今日的解釈であると考える。かつて一般指定に対する準抗告の適否が争われ、準抗告を認めるのが通説・判例となった。また、現在の一般的通知に対する準抗告も適法とされている。一般的指定、一般的通知は法的な強制処分ではない。だが、それらが事実上の接見拒否状態を生じた場合には、準抗告で救済できることは実務も認め、ほぼ定説ともなっている。法430条1項の準抗告の対象は法的な強制処分であると限定解釈する必要はもはやない。

　かくして、法39条3項の接見指定は任意処分であると解したい。また、法39条3項は任意処分であると解することによってのみ合憲性が保たれるといわねばならない。そこで任意処分であるとすると、捜査官によって接見指定がなされても、これに弁護人が従わぬ限り強制力がないから、双方の協議に委ねられ、協議が整わぬ限り、最終的には弁護人の接見交通権の行使が優先することになる。今後は、かかる認識にたって、弁護実践が進展することを望みたいと考える。

[1]　たとえば、三井誠「接見交通権問題の現状と今後」法時65巻3号（1993年）17頁、椎橋隆幸『刑事弁護・捜査の理論』154頁（1993年、信山社）等。
[2]　村井敏郎編『現代刑事訴訟法』（1990年、三省堂）131頁以下［高田昭正］。
[3]　渡辺修『被疑者取調べの法的規制』（1992年、三省堂）197頁以下。
[4]　芦部信喜『憲法』（1993年、岩波書店）183頁以下、『憲法Ⅱ』（1993年、有斐閣）157頁以下［奥平康弘］、棟居快行「適正手続と憲法」『講座憲法学4巻』（1994年）230頁以下、市川正人「刑事手続と憲法31条」同上198頁以下、大石眞「憲法35条解釈の再構成」法学論叢136巻4・5・6号（1995年）165頁以下等参照。
[5]　なお、丹治初彦「接見交通権再考」自由と正義45巻8号（1994年）129頁以下参照。

[6] 丹治初彦「接見交通」別冊法セミ『刑事訴訟法〔3版〕』(司法試験シリーズ)(1995年、日本評論社)69頁参照。

第2節　接見交通権再考
——浅井・若松判決以降における下級審判決の動向

はじめに

　周知のように接見交通権については、杉山事件判決（最1小判昭53・7・10民集32-5-820)、浅井事件判決（最3小判平3・5・10民集45-5-919、判時1390-21）、若松事件判決（最2小判平3・5・31判時1390-33）の3判決によって最高裁の基本解釈がほぼ示された。それは、法39条3項にいう「捜査のため必要があるとき」について、非限定説（捜査全般説）を積極的には支持せず、むしろ限定説に近い立場に立つというものである。ただ、浅井・若松両判決では、杉山判決と微妙に異なっており、「間近い時に右取調べ等をする確実な予定があって、弁護人等の必要とする接見を求めたのでは、右取調べが予定どおり開始できなくなるおそれがある場合」接見指定ができるとした。これは、限定説からいわば準限定説へ移行する余地を残すものであり、今後の運用にも危惧を抱かせるものである。

　そこで、本稿は、浅井事件・若松事件の2最高裁判決の射程を探るために、その後下級審で相次いで言い渡された13件の国家賠償訴訟判決を分析し（平成5〔1993〕年12月末日までに入手した判決を一覧表に示した）、理論上および実務上の新たな問題点を探ろうとするものである。

法39条3項と違憲論

憲法・国際人権法上における接見交通権の位置づけ

　国賠訴訟における主要な争点の1つは、憲法・国際人権法上における接見

交通権の位置づけである。

　原告側の主張（つまり被疑者・弁護士サイド）を見ると、概ね接見交通権は、憲法34条の弁護人依頼権から直接的にかつ憲法38条1項の黙秘権の法理から当然に導き出される憲法上の権利であり、取調べや実況見分への立会いを理由として、被疑者と弁護人との接見交通権を制限することが許されないから、法39条3項は違憲・無効であるとする。とくに、後記一覧表判決③⑥⑨⑩⑬各事件における原告側主張にこれを見ることができる。

　これに対して、被告（多くは国側であり、刑事手続では捜査機関サイド）の反論は、接見交通権は、憲法34条により直接認められた権利ではなく、かついかなる権利といえども「公共の福祉」ないし「内在的制約の法理」に由来する一定の制約に服すべきである。接見指定はかかる憲法の予定する制約の一つである。なぜなら、憲法は国家の刑罰権の存在を当然の前提としている（憲法31条ないし40条）。刑罰権の実現には捜査権が当然に伴っている。そして、捜査機関の接見指定権は、この捜査権に由来する権限である。したがって、接見交通権と刑罰権・捜査権・接見指定権とは相互調整しながら運用されるべきもので、そのために置かれたのが法39条3項の規定である。同条は明らかに合憲であるとする。

最高裁判例の見解

　この点について、最高裁判例は接見交通権を憲法上の保障に由来するとし、極めて重要な権利であるとするものの直接憲法上の権利とはしない。各判例の基本的潮流もこれを踏襲するにとどめる。そして、国家の刑罰権と刑罰権行使のための捜査権を認めたうえ、接見交通権も捜査権もともに重要な権利であるから、一方が他方に対して当然には優先しないとして違憲論を排する（たとえば、③の判旨参照）。しかし、各判決の判旨は、必ずしも軌を一にするものではなく、微妙にニュアンスを異にしている。1つの方向は合憲的限定解釈論をとることによって接見交通権への配慮を示さんとするもの、1つの方向は、公共の福祉論を踏まえ、接見交通権の保障を立法政策に委ねられている問題と切り捨てるものと、そのブレは無視できないものがある。

前者は③⑥に代表される。③「接見交通権につきやむをえない必要最小限度の制限をすることは憲法上許されると解される。もちろん右制限が接見交通権を不当に制限するものであってはならない」。⑥「接見交通権はそれ自体絶対無制約なものではなく、例外的に必要最小限度の制限が肯定される」。

後者は⑧⑬に代表される。⑧「接見交通権については、捜査との関係において接見交通権をどのような権利として保障すべきかについては本来憲法34条前段による保障の趣旨に基づく合理的立法に委ねられる」。⑬「捜査機関は公共の福祉の維持と個人の基本的人権の保障とを全うしつつ、本事案の真相を明らかにすべき義務を負っているところ……」とする。

なお、⑨⑪は弁護人等の接見交通権は「極めて例外的に制限されるもので、法39条3項は接見交通権の内在的制約を具体化する合理的な規定」であると判示している。

憲法34条説

ところで、憲法34条が被疑者に対して弁護人との接見交通権を直接保障したものと解する説は最近では有力になってきている。

私も、今のところ接見交通権こそ憲法34条が保障した中核的権利であると考えている。理由は次のとおりである。

第1は、人身の自由に内在する適正手続の原理によるということである。もっとも、憲法33条の定めるように、合理的理由による被疑者の逮捕・勾留はやむをえまい。が、その場合にも、身体拘束が不当なものにならない手続の保障が不可欠である。それには、現に身体を拘束されている市民と現に面会して身体拘束の当否を監視できる手続が不可欠である。ここまでは、人身の自由自体に内在する適正手続の要請である。憲法34条は、かかる哲学を踏まえつつ、さらに一歩進めてそうした監視の役割を法の専門家である弁護士に期待し、身体拘束下の市民は直ちに弁護人を「依頼」できる権利を明定したのであると理解すべきこと。

第2に、憲法条文の構成からも明らかにされている。憲法は37条3項の「被告人」の弁護人依頼権とは別に34条を置いている。憲法は、被疑者に対して、

身体の拘束を受けた時点から直ちに法律の専門家である弁護人の助力を受け、身体拘束から生じる種々の不利益を回避し、とりわけ、不当、不法な捜査に対抗しうる防御権を保障したのであって、その法的権利の一つが接見交通権であると解釈することが、憲法体系上の解釈であるといえること。

第3は、黙秘権の保障条項そのものの内容として、直接的に接見交通権を導き出すのは無理だとしても、少なくとも黙秘権の保障を実効ならしめるうえでも、被疑者と弁護人との秘密・自由な接見交通権が必要であることは否定できまい。憲法38条のコロラリーとして接見の自由を位置づけることは可能であるということ。

第4に、上記のことは、なによりも、立法制定者の意図が、接見交通権を憲法34条、さらには補強的には38条1項もあわせて憲法上の保障下に置いたことから確認しうること。

手続的請求権

さて、これらの憲法論は多なり少なり、国賠訴訟の中で展開されてはいる。が、必ずしも説得的ではない。考えてみると接見交通権は従来憲法で議論されている人権の「類型」のどこに分類されるのかさえ問題は未解決のままであるといってよい。たとえば、この権利は「実体的請求権」であることが当然の前提のように解されてきたが、性格的には信教の自由や表現の自由とは少し異質なものではないか。むしろ「手続的請求権」であると解する余地もある。私は少し大胆に「手続的請求権」に属するものであると構成してみたいと考えている。

接見交通権が手続権であるとしても、それが憲法上の権利である以上、立法上、国政上、最大の尊重を必要とし、被疑者の防御権を形骸化するような規制を弁護活動に加えることは、もとより違憲となる。

さらに手続的請求権と解することによって、捜査権の行使との調整を求める「公共の福祉」や「内在的制約」との衝突は問題とならないともいえる。もっとも、接見交通権が手続的請求権であるとする場合、その保障をどの範囲に及ぼすかは、もっぱら立法政策上の問題に押しやられ、かえって被疑者の権利保障を害する結果になるとの反論が予想しえる。

しかしその反論は、必ずしも当たらない。憲法34条の趣旨解釈および憲法31条を根拠として「手続の適正」も要求されていると解するべきだからである。そうすると、むしろ弁護人との接見交通権にはなんらの制約をおくことはできない。これが刑訴法39条1項に具体化されている。
　ただし、勾留あるいは拘禁の目的を滅却したり、不可能にするような態様の接見が許されないことは当然の前提となっている。これが刑訴法39条2項に具体化されている。
　「取調べを目的とする逮捕・勾留」が許されないことは憲法38条の精神から当為であって、刑訴法60条もこれを許さない。そうすると、取調べの必要性によって、接見交通権を制約できるいかなる場合もありえないということにならざるをえない。
　刑訴法81条は外部的接見の制約についても、逃亡または罪証隠滅を疑うに足りる相当な理由（恐れ）のみを理由とした。しかも、ここでの恐れは、既に身体拘束によって、逃亡や罪証隠滅の恐れは解消しているから、さらに蓋然性の高いものでなくてはならず、かつ、司法的抑制の見地に立って裁判官が判断することになっている。
　これに対して、法39条1項は、弁護人との接見が立会いなき自由なものでなくてはならないから、なんらの制約も置かなかったのである。弁護人の接見交通権について逃亡や罪証隠滅を考えることは、司法制度の根幹を揺るがすことになるゆえに、裁判官の判断によっても規制しえないとされたのである。取調べはもとより、実況見分への立会い、引きあたり捜査、検証や捜索・差押えの現場への立会いなどを理由として接見を制約したり、先延ばしすることは許されない。これらに優先して弁護人との接見を確保しなければならないことになる。
　それにもかかわらず、一転して法39条3項が捜査官に対して接見の指定権があるとしたのは、どう理解したらよいのか。
　原理原則からすれば、違憲、無効な規定であるというほかない。
　これを合憲的に限定解釈すると、せいぜい、接見の申入れがあったにもかかわらず被疑者が令状で特定されている拘禁施設から、捜査のために連れ出させており、これを連れ戻すか、最寄の接見用施設を確保して接見を図るための

調整を求める場合などを律する規定であると理解するにとどまるほかない。

われわれが、今後も法39条3項の違憲論を展開するとするなら、もう少し厳しい議論が要請される。とくに刑罰権を憲法との関係でどのように意義づけるのか原告側からの有効な反論がなされていない。そしてこの問題は、刑訴学者のみではなく、憲法学者はもとより、法哲学の分野からも広く援助を求めて理論を深化させなくてはならない課題である。

法39条3項「捜査のため必要」の解釈

ここでは、憲法論を離れて「捜査のため必要」の意義について浅井・若松判決以降の下級審判決がどのように動いているのかを分析し、問題点を指摘しておく。

下級審判決の見解

13件の下級審判決はいずれも基本的には、「捜査による中断が顕著な支障」を基準とし、取調中のみでなく、取調べ予定も含み接見指定ができるとする最高裁判と同一見解に立ち、例外はない（ただし、任意捜査中の事案である[2]の判決については後述）。

しかし、憲法上の意義論でみせた前述の差異はここでも生きている。やや乱暴ではあるが、各判例は同じ基準を示しながらも3つの思考形態のものに分類できるといえる。はっきりしているのは、取調べ優先型（判例[8][13]）と接見交通権配慮型（判例[3][6][9][12]）である。[1][4][5][7][10][11]などは均衡調和型とでもいうべきものである（もっとも、事案に左右され、いずれの分類にも含み難いものは均衡型に入れておいた）。そこで取調べ優先型と接見交通権配慮型との差異を少し見ておく。

たとえば、取調べ優先型の[8]は、弁護人の希望日時に接見させなかった措置について、その時間には被疑者に対して確実な取調べ予定があったとして、原判決を取り消し、原告側を敗訴させた。[13]も典型的な取調べ優先型である。判例集未登載のため、事案を要約すると、被疑者が昭和62（1987）年1月22

日、暴力行為等処罰に関する法律違反事件で逮捕され、1月24日から勾留され、かつ被疑者黙秘の事件であるが、たとえば争点の1つは弁護人が2月6日午前8時30分頃直接警察署に赴き被疑者との接見を求めたが看守係から拒否され、午前10時30分になって検察官と電話連絡がとれたところ、検察官は「現在取調べ中であり、終日取調べ予定があるので、今日の接見を見合わせてもらいたい。明日（2月7日）以降であれば調整する」としたやりとりの中で弁護人が「昼の食事の時間に接見したい」と要求している。これらの点について判決は、まず看守が10時30分まで検察官に連絡をとらなかったのは弁護人が直接検察官へ電話をかけなかったからであって、相手方の非を鳴らすべきではないとし、次に検察官が2月7日以降の指定をしようとしたことは警察の捜査官による被疑者の取調べの必要性があったことから違法でないとし、また食事時間または食事後の休息時間を利用した指定をすべきであるとの主張については、右時間帯は「取調べの時間と一貫するか、それでなくとも密接不可分の関係にあることが認められる」から右時間帯を接見日時と指定しなかったのは違法な措置でないとした。

これに対して接見交通権配慮型の⑥の場合、最3小判平3・5・10の解釈について「取調べと接見交通権の調整においては、接見交通権の重要な意義を無に帰することのないよう、弁護人等の都合等も十分に斟酌し、可能な限り早い時間に十分な接見を認めなければならないとするものであり、取調べ予定の確実性や開始時間の切迫性を厳格に判断するとともに、事情によっては取調べ開始時間の若干の延長や現に行われている取調べの中断をも要請されるものである」とした。

⑨の場合は、上記最3小判平3・5・10の坂上壽夫補足意見を引用したうえで、具体的指定要件の判断が形式的に行われ、これにより弁護人等と被疑者との迅速かつ円滑な接見交通が害される結果になるようなときには捜査機関がした措置は違法となると解した。

取調べ優先説は、取調中および取調べ予定のある場合には顕著な支障が当然にあると解しているといえる。しかも、捜査の計画性、迅速性、効率性を考慮した指定が可能であるという含みを持っており、取調べの必要性が接見交通権

に優先するという政策的判断を伴っているといって過言でない。

これに対して接見交通権配慮説は、捜査の計画性、迅速性、効率性を前提とした政策的判断をしておらず、坂上補足意見が示す取調べが一段落した時点とか、取調べ開始予定を若干遅らせて接見を認めることが常に捜査の中断による支障が顕著な場合に結びつくとは限らないとする考え方に立っているといえよう。各裁判所における接見交通権への理解の差異が、最高裁判例への理解と解釈の差異を生み、ここでも非常にブレを感じる。このことは、今後のわれわれにとって、これまで以上に実践におけるいっそうの努力が要請されていることを教えてくれる。

取調べ受忍義務について

ところで、「捜査の中断による支障が顕著な場合」にはなぜ指定が許されるのであろうか。それはやはり判例の立場が逮捕・勾留中の被疑者には取調べ受忍義務があるという考え方をとることによるものであるということが鮮明になってきている。そのことは、たとえば②と⑬の判例を対比すれば明白である。

②は、弁護人が警察官から収賄事件につき、現に任意の取調べを受けている被疑者との接見を申し出たが、捜査主任官等から違法に面会を拒否されたために、弁護権の侵害であるとして損害の請求を求めた事案であるが、判決は、「刑訴法上被疑者の任意の取調がその開始・継続を被疑者の自由な意思に全面的に依存していることに鑑みるならば、面会と取調のいずれを優先させるかも被疑者の意思に委ねられているものと解するのが相当である。そして、弁護人等から被疑者との面会の申し出がなされたことは被疑者にとって捜査機関の取調になお継続して応ずるかどうかを決定するにつき重要な事項であるから、すみやかに被疑者に取り次がなければならないものと解せられる」と判示し、結論的に取り次ぎ義務を認めた。

一方、⑬は、すでに見たとおり被疑者が勾留中の事案であったところ、「被疑者は希望する時刻に弁護人と接見できるという権利ではなく、被疑者はあくまでも接見等の日時等を指定することができるにとどまるから、被疑者に弁護人の援助を受けるか、捜査官の取調べを受けるかの自由な選択権があるということ

はできない。したがって、被疑者が右の選択の自由をもつことを前提にする告知義務を認めることはできない」としたうえで、終日の取調べ予定であることを理由として弁護人が接見を申し入れたその日の接見を時間帯にかかわらず一切許さなかったのである。

そこで、弾劾的捜査観に立って、取調義務否定説をとる学説が、最高裁判決の敷いたルール、すなわち、被疑者の取調中や間近な取調べを予定しているなど、捜査の中断の顕著な支障がある場合には、接見を後回しにする指定権を行使できるとする解釈を支持することは、問題の本質を見失っており、結果として「捜査実務家」のとる取調べ優位の思考に加担するものであるといわざるをえないのであって、このことをはっきりと認識した議論をしておくべきであろう。

この点について、後藤昭教授が取調べ受忍義務否定説の帰結として、取調べと接見とが競合する場合には、被疑者がどちらを優先させるかの選択権を持つので、取調べを理由とする接見指定はありえないとするのは卓見である。

ただ私としては、被疑者の権利としての「包括的防御権」、「黙秘権」そして「弁護人依頼権」を中核とした新しい弾劾的捜査観に立った理論構成に左袒するものであり、弁護人の接見請求によって取調べの中断効が生じると解する「接見交通権絶対優先説」をとるものであるが、この点についても、さらに理論的深化が急務である。

最高裁判例と接見実務への影響——「予約型接見」と取調べ予定

「直行型接見」と「予約型接見」

浅井事件・若松事件判決は、いずれも弁護人が検察官に対してあらかじめ接見の申出をし、接見の日時について協議することに否定的立場にあり、直接留置場所に出向いて接見を申し出た事案である。これを弁護人の行動様式から「直行型接見」と呼んでおく。そうするとこれに対して予め検察官に接見の日時を申し出て接見する方式を「予約型接見」といってよい。

最高裁判決の判旨によると、直行型接見の場合、留置担当官には接見の請求に対する拒否を判断する権限はなく、担当官は接見指定権行使の有無につ

いて検察官に連絡のうえ、その指示を受けることになる。その間弁護人は一定の時間の待機を余儀なくされ、あげくには接見指定権の行使によって即日接見ができない危険性も時には生じる。このことは多忙な弁護士にとって、相当な負担と苦悩を強いられ、なにより被疑者との確実な接見の計画が疎外される。

　そこで多くの弁護人は、待機やトラブルを嫌い予約型接見をとることが多いように思われるし、5のように予約型接見による運用を期待する判例もある。

　しかし、次のような問題が生じる。

　「直行型接見」では、「取調べの間近な予定」の基準は、まさに弁護人が接見を申し出た時点をもって、すでに取調べの準備が整い、現実に取調べが開始されようとしているか否かで判断されることになる。したがって弁護人において被疑者の在監中であることを確認したうえで接見に臨むと、そこでの接見妨害は裁判所における事後審査でチェックを受けやすく、捜査機関の裁量的判断は極めて少なくなる。だが、「予約型接見」の場合における取調べ予定の存否は、どのように解されるのかを見ておかなくてはならない。

判例の見解

　この点は、判例はどう処理しているのか。たとえば、8は、弁護人が12月22日午後5時30分頃、検察官に電話で「翌日である23日の朝あるいは夕方」の接見を請求したのに対して、検察官は具体的指定書を受領するよう要請した。この争点について、原審は「右申し入れ時点では、被告らが主張しているのは単に捜査の予定にすぎず、捜査の必要性があったものとは認められない」と指定書の受領を要請した行為は違法とした。が、控訴審では、「検察官自身による確実な取調べ予定があり……接見指定権の行使の要件が存在する」として原判決を破棄している。

　さらに、7は、弁護人が11月22日午後2時30分頃、検察官に対して「11月24日の接見を希望した」点に関して判旨は、弁護人の接見申出に対して、直ちに接見を認めるか、またはこれに対応する接見指定をするか、やむをえずその時点で判断ができない場合には、遅くとも22日中の夕方までの一定の時間に24日の接見指定をするか否かを明示すべきであるとしている。

そうすると2つの判例から次のような解釈の余地を残す。すなわち、予約型接見の場合でも、弁護人の接見希望日時にすでに捜査機関が被疑者の取調べの予定を組んでいると、確実な取調べ予定を理由として指定権を行使することができる。しかもその予定について申出の段階で判断できないときには多少回答が遅れることもやむをえない。

　そうであるとすると、弁護人からあらかじめ接見の希望が出た場合、これに対応してはじめて取調べ予定を組み、現に実行さえしておけば、接見を別の日に指定しても裁判所の事後審査で非難される恐れはなく、違法のものとはならない。捜査機関の裁量の範囲は著しく拡大する。その結果、弁護人の接見は希望日時よりさらに先送りとなり、取調べ優位が定着するということになるという危惧を招く。

　そこでもう一度浅井判決にかえる。最高裁の見解はあくまで、杉山判決の延長線上に立っており、同判旨の枠内にあって「取調べの準備が既に整い、取調べのため被疑者の身柄を必要とする状態が現実のものとなっている場合」に指定理由があるとしたものと読むべきであり、しかも、捜査機関に対して具体的要件が存在し、接見の日時等を指定できる場合でも、弁護人ができるだけ速やかに接見等ができ、かつ、その目的に応じた合理的な範囲内の時間を確認するような適切な配慮をなすべき誠実義務を認めたのである。したがって、単に取調べの予定をもって接見指定することは許されず、このことは予約型接見の場合といえども例外とはならないと解するべきである。

　弁護人からあらかじめ接見の予約がなされた場合、捜査官としてはせいぜい接見の時間帯について調整のための協議が許されるとするのが限界であろう。少なくとも接見希望日の接見を翌日に先送りさせるような指定は指定権の乱用であって、違法であるというべきである。そして弁護人の所用などで協議が整わないときは、弁護人の申し出を実現させるための措置をとらねばならないというべきである。仮にかかる運用が実務慣行において定着するとすれば、接見指定をめぐる争いは大幅に減少するし、最近は多くの事件でかかる運用がとられている状況にある。

被疑者の防御権と法39条3項但書の活用

　法39条3項の規定によると、捜査の中断による支障が顕著な場合でも防御の準備権を不当に制限する指定は許されないとされている。が、各判例を読んで痛感することは、当該3項但書の詰めがほとんどなされておらず今後に課題を残しているということである。

　原告側の主張は、大旨、接見指定の積極的要件が存在しても、さらに①第1回目の接見申出の場合、②被疑者が弁護人等との接見を希望する場合、③捜査機関や弁護人等の都合で、長期にわたって接見の機会が保障されていなかった場合、④その他とくに家族の伝言等緊急に接見する必要がある場合、などの消極的要件がある場合、捜査を中断しても接見の機会を保障すべきというものである。

　原告側の構成にかかる「積極的要件」と「消極的要件」という概念の使い方については理解できる。ただ法39条3項但書は接見指定権の行使に対する例外規定ではなく、あくまで法39条1項と一体となった原則的規定であるという理念を明確にしておく必要があるように思われる。

　すなわち、被疑者は、弁護人の助力を受け身体拘束から生じる種々の不利益を回避し、不当、不法な捜査に対抗しうる権利があり、さらに捜査機関の取調べに先立ってあるいは取調べ過程において、常に弁護人の助言を受ける権利を有しており、そのことこそが刑事手続上最も重要な基本的権利であるから、接見指定によってかかる被疑者の持つ包括的防御権を不当に制限することができないのである。法39条3項但書は、重ねてそのことを明らかにしたのである。そうすると、同条項但書の適用は、弁護人が前記のように指摘している事情が存在する場合はもとより、さらに広く、被疑者が取調べを受けることに対応した防御権が保障されることを要請している規定であると解するべきである。

　法39条3項但書の解釈と、これを生かす実践は、さらに今後の大きな課題の一つである。

［主として参考とした文献］
・三井誠著『刑事手続法Ⅰ』(1993年、有斐閣)。
・渡辺修著『被疑者取調べの法的規制』(1992年、三省堂)。

判例一覧表

No.	裁判所	言渡し年月日	登載文献	備考(日弁連の事件表示)
①	名古屋地裁	平3.10.17	判時1424号	第二次伊神事件
②	福岡地裁	平3.12.13	判タ791号	江上事件
③	浦和地裁	平4.3.23	判時1440号	幣原事件
④	名古屋地裁	平4.5.29	判タ796号	第一次伊神事件
⑤	大阪地裁	平4.6.12	判時1464号	中道事件
⑥	大阪地裁	平4.11.9	判時1470号	川下事件
⑦	名古屋地裁	平5.1.29	判時1473号	鈴木・蔵冨事件
⑧	仙台高裁	平5.4.14	判時1463号	安藤・斎藤事件
⑨	仙台高裁	平5.4.27		佐々木・斎藤事件
⑩	札幌高裁	平5.5.19	判時1462号	太田事件
⑪	名古屋地裁	平5.5.27		第三次伊神事件
⑫	東京地裁	平5.5.12		市川事件
⑬	東京地裁	平5.12.7		内田事件

補説

　日弁連接見交通確立実行委員会が昭和58(1983)年6月に設立されて以降、接見妨害に抗して多くの国賠訴訟が提訴されてきた。私たちは、事件の「す・じ」というが、その中でも、浅井事件は極めて「す・じ」のよい事件であったし、事件の主役である浅井弁護士は、私の同期で親友でもあるから、とりわけ気にかかる事案であった。

　浅井判決は、杉山判決の延長線上にあり、接見指定の要件として検察官に対して「誠実義務」を新たに加えた点において評価した。が、一方で「取調べ予定」を指定の要件として指定権行使にやや広い裁量権を認めたことに強い危惧を抱いた。

本稿は、そのような思いから、その後の2年間の下級審判決を検討したものであった。分析そのものは極めて「ラフ」ではあったが、ここで提起した問題点は看過できないものと考えた。しかし結局のところ、克服されないまま、日弁連は真正面から憲法論を挑み、その約5年後、最高裁大法廷（平11・3・24）で敗れることになる。

　もっとも、大法廷は、法39条3項の違憲論を排斥したものの、いわゆる「合憲限定解釈論」をとって、運用如何では憲法34条に反することになることを認めたとも読める。だからこそ裁判官全員一致による意見となったと見てよい。ただ、この判決については、すでに多くの論評がなされているので、これ以上触れない。ここで指摘しておきたい問題は、安藤事件の第3小法廷の判決（最判平12・2・24判時1721-70、判タ1040-117）についてである。

　この判決は、本稿の判例一覧表⑧の原判決に対する上告審の事案であって、私が指摘していた「予約型接見」のケースでの判断が問われていたのである。原判決は、浅井判決が示した「捜査の中断の顕著な支障」の「取調べの確実な予定」を拡大解釈したことに問題があることは本稿で述べたとおりである。浅井判決の射程は、私のいう「直行型接見」のケースであって、接見申立時を基準として「現に」あるいは「間近い」確実な取調べ予定としたことは明白である。これを本件事件のように、翌日の接見申出という「予約型接見」のケースで、接見希望日時における「捜査予定」を「顕著な支障」とすることはできないはずである。それにもかかわらず、最高裁は浅井判決の射程内として「接見指定要件」であることを認めたと一般に解されている。しかし、本件は国賠という民事紛争事件であって、そこでの争点は、もっぱら「指定書を受理せよ」「受理しない」という争いで、現に翌日指定書を受理して接見したもので、最高裁がどこまで「予約型接見」の問題点を認識していたか疑問がある（判決は、指定書による接見の指定をした検察官の措置を適法とした限りにおいて、争点効を持つと解する）。

　上告人（弁護人側）としても、もっぱら上告理由の力点を法39条3項の違憲論に置いて、きめ細かい主張をやや怠った感があり、問題を尖鋭化させておらず、最高裁の判断は示されていないともいえる。私としては、日弁連接見交通確立委員会に、すじのよい事件を選別（闘いにおいてという意味で）して、もう一

度国賠訴訟の再構築を望みたい。

第3節　効果的な弁護人接見

弁護人接見の役割

　被疑者が否認し、とりわけ無実を訴えている場合、弁護人には全力を挙げた弁護活動が求められ、そのために「連続接見」が不可欠となる。しかし、連続接見を果たしたとしても、被疑者が「虚偽自白」をすることも多く、公判において弁護人の充分な援助を受けているとして、自白の任意性を肯定する理由とされることもままあることを心しておかねばなるまい。

　なぜ、このような深刻ともいうべき事態が生じるのか。少しでも実効性のある接見をするにはどうすればよいのか。

　弁護人としては誰しも悩む問題であろう。その対応の仕方も弁護人によってそれぞれのスタイルがあって確かな方策はない。が、ここでは、私の経験によるひとつの考え方をあくまで参考として供するものである。

　ところで三井誠教授は、接見交通権のねらいについて、弁護人接見（法39条）は、防御活動の確保に重点があり（被疑者から見れば、刑事手続の概要の説明を受け、事案内容、主張を述べて取調べへの対応・方法の助言を得、不当な捜査活動への監視のチェック、積極的な防御のための証拠の収集・保全を依頼するなど）、一般接見（法81条）は、被疑者の（社会・家庭をめぐる）心理的不安定・葛藤状態の解消を図るとしたものである。

　むろん截然とその狙いを区別することはできない（たとえば、精神的安定を基にして、はじめて防御の実効性がある）とされる（『刑事手続法Ⅰ〔補訂版〕』155頁）。

　それはそのとおりであるが、指摘の大切さは、たとえば以下のかっこ内の記載にあるといってよい。一般接見は、「法令の範囲内」（たとえば、立会い、極めて短時間）で限定的にしか認められず、現実の実務において否認事件ではかかる

接見すら禁止となる。したがって、弁護人の役割は、刑事手続上の防御活動にとどまらず、被疑者の精神面・健康面への配慮、家族・職場との連絡など「被拘束者が外界と遮断されるままの状態に陥るのを阻止する」ための援助が重大となる。

　私は後者のほうにこそ、弁護人が継続的に接見をしなければならない大きい意味があると考えている。

　少し複雑な事案になると、限られた場所と時間の制約の中で、被疑者から事件の概要説明を受け、事案内容の主張を聞いたとしても、捜査段階においては捜査側の手持ち資料の開示が一切閉ざされていることと合わせて、事件全体を正しく把握し、的確な助言を与えることははなはだ困難である。むしろ、被疑者をして可能な限り拘束されていることから来る精神的不安定を取り除き、冷静に取調べに対応しうる力を回復させ、被疑者自らが主体的に闘うことへの助言が問われているように思われる。

　そのために、接見において何を語り、何に留意しておくかを見ておきたい。

接見での心構え

　接見に際しての心構えについて、一般論としてのマニュアル本は出し尽くされた感がある。そして、どの本もなべて第1に信頼関係の構築を挙げている。

　そのことは正しい教示であるが、これが難しい。信頼関係を形成するためのひとつは連続接見をすることであるが、連続接見をしたとしても、「虚偽の自白」が発生する。そこで常にその要因を考えながら対応しなくてはならないことになるが、その解明は法律実務家の能力を超える問題であるだけにいっそう難しい。

　ともかくここでは、弁護人が被疑者の逮捕後に「否認事件」を受任し20日間の勾留が継続されるケースをモデルとして検討するが、勾留の経過とともに接見上の留意点も変化してこよう。

第1クールの注意点

　そこで、まず、第1クールを勾留の日から起算して2〜3日とする。

被疑者は、逮捕勾留という外的衝撃によって一時的に精神的に異常な状況をきたしていることが多い。これが、「虚偽自白」をする要因の一つであることは否定し得ない。私の経験した事件においても、後に完全なアリバイが発見された事案であったにもかかわらず、被疑者が勾留3日目ぐらいに医学上の「拘禁反応」を呈して虚偽自白をし、その後の接見が成立しなかった例もある。

　このようなケースは極めて例外的ではあるが、強制的に外部から隔離されたことによって、被疑者が心の均衡を喪失し、精神力や判断力を低下させることは程度の差はあるとしても共通に見られるといってよい。そこで弁護士としては、この段階での接見で何を語るかである。

　私の場合には、被疑者が拘束されたことによって、最も精神的に不安定に陥っている原因が何かをすばやく判断して、まず、それを取り除くことから話を始めることにしている。多くのケースにおいて、被疑者の最大の心配は家族のこと、続いて仕事のことであろう。

　そこで初期接見では、家族との連絡を密にして、できる限り家族から弁護人選任を受け、被疑者が決して孤立していないことの情報を提供しなくてはならない。時には家族に励ましの手紙を書かせて接見中に被疑者に見せることもあるが、これは効果的である。

　もっとも、被疑者が弁護人を信頼するのは家族からの選任ということによるのだが、貧困な家庭にあっては、弁護費用のことを被疑者があれこれ悩み、それを知った取調官が弁護人と離反させかねない。費用の負担や家族の当面の生活に心配のないことも合わせて話しておくという細かい配慮も求められる。かかる意味で、捜査弁護における家族対策はまことに大切となる。

　もとより被疑者から事件の概要や、事情の聴取をするが、この段階では必ずしも事案全体の的確な把握ができず、どうしても一般的な助言にとどまらざるをえないことが多い。

　ところが、その場合でも、被疑者は緊張し、弁護人の説明を充分に消化していない。そしてこの2～3日間の接見が、その後の接見の効果に大きい影響を与えることになる。弁護人の発した一言が被疑者を失望させ、捜査の側に取り込まれてしまうことさえもある。

ある弁護士から側聞したことであるが、弁護人が被疑者に対して励ましの思いを込めて「松川事件」の話をした。ところが、取調官が弁護人との接見内容を聞き出し（このこと自体が許容されないが、しばしばなされることである）[1]、「お前の弁護士の言うとおりだ。松川の被告人は16年も17年もかかってやっと無罪をとったのだ。俺にまかせておけば執行猶予をとれるようにしてやる」と働きかけ、被疑者が自白した方が得と考え「虚偽の自白」をした例があるという（後に、客観的アリバイがあって無罪となったとのこと）。

　身体拘束下の被疑者は、いわば病人であって、過酷な取調べという病気と闘っているのであるから、そこでの弁護人のアドバイスは医者の説明や助言と等しいものがあると考えてよく、患者（被疑者）の個性に応じて適切な言葉を選ばなければならない。

　弁護人は自信をもってゆったりと対応しなければならない。接見中終始うつむいてメモをとるということがあってはならない。

　私は、接見中一切メモをとらないことを原則としている。その代わり接見終了後速やかに必要限度でのみ記録を残す。

　事案の複雑な事件の場合には、接見内容をテープにとることも時にはあった。この録音は接見メモの代わりであってなんらの制限も受けない[2]。

第2クールの注意点

　次に第2クールを勾留4日目から勾留延長の前日までとする。

　この段階に至ると、弁護人としても、ほぼ事件の全体像を把握でき、多くの場合に被疑者の「否認」が無実によるものか否かを知ることができよう。

　無実のものは、自己の真実を貫きたいという力があり、取調べの圧力に一定の抵抗力を示すことができる。が、そこにも限度はある。

　虚偽自白が生まれるのは、暴力、強制、脅迫等の圧力によるとは限らない。暴力によって恐怖心から「自白」が引き出されることもあれば、かえって被疑者が強い反抗を示し黙秘に転ずることもあって、「自白」は取調官と被疑者の人間的属性（たとえば、年齢、性格、教育程度、生活経験、社会的地位、思考背景）のぶつかり合いの相互作用において生じるといってよい。

したがって、無実のものであるにもかかわらず虚偽自白をするのには、さまざまな要因がある。が、この段階になると、弁護人は被疑者から大まかではあるが、取調官の性格や取調べの手法を知ることができるうえ、どのような圧力が加わったときに被疑者が崩れるかも予測できよう。弁護人としては接見において、取調べに抗するために先回りした助言をしておかねばならない。
　たとえば、取調官が、すでに客観的証拠があって、否認しても無駄であり有罪となることを執拗に強調し、「自白」をすれば、処分上の便宜を与えるという手法を用いることがある（欺罔と利益誘導の組合せ）。
　そこで、弁護人は取調官が被疑者の有罪であることを強調する言動をとるときこそ、逆に「証拠がない」ということを、取調官にはなんらの「処分権限がない」ことをあらかじめ助言しておかねばならない。無実であるのに、客観的証拠（たとえば目撃者がある）があると言われたら、なぜ「自白」するのかについて疑問の余地はあるまい。
　被疑者は特殊な環境の中でかつ長時間の取調べを受けることによって、自らが無実であるにもかかわらず、誤った起訴、誤った有罪判決を受けるとの強い不安を抱いているからである。仮に長い裁判の結果無罪をとっても、もはや自己崩壊することを悟るからである。とくに弁護人が、勾留に対する準抗告手続をとって却下された場合、被疑者に対し充分な手当をしておかねば、無力感に陥り、「自白」を招くこともあって、常に被疑者の不安を緩和することへの工夫が求められるのである。
　またたとえば、取調官と被疑者のせめぎ合いは、弁護人を巻き込むこともある。少々品の悪いやり方だが、取調官が被疑者に盛んに弁護人の悪口や弁護人としての力量がないことを、散々に吹き込み、離反を図ることがある。私は幸いにも経験したことがないが、相手方が著名ないわゆる「モト検」や「モト判」であっても平気でやられたという。このことへの弁護人の対応は至極簡単なことであって、最近は、ほとんどこのような手法はとられないようである。
　ただ、1点注意しておかねばならないことは、接見をすると約束した日に接見をしないこと、あるいはできなかったことによる影響である。
　連続接見をする約束をしたのに、空白が生じると不安が一気に高まり、そこ

を取調官につけいられることになる。弁護人としては、万一の場合に、接見ができない日もあること、その間の調べにおいて困った問題が生じれば頑として「弁護人と接見し相談したうえで供述する」として、防御するように充分な理解を得ておかねばならない。

　さらに第2クールの後半にかけて問題となるのは勾留延長との関係である。被疑者が第1クールを乗り越えたとしても、勾留延長の近い時期になると一段と自由への束縛感が強くなり、同時に取調べによる精神的不安、疲れが顕在化し弱気となることが多い。被疑者の精神状態は、もうこれ以上の拘束に堪えられない。ともかくいったんは釈放されたい。そのことによって有罪となることがあってもやむをえないというほどの自由への欲望が出る。もとより個人差・程度差はあるが共通した心理のように思われる。

　弁護人としては、この心理により接近し、優しく、時には厳しく、自白をすれば決して利益にならないことを繰返し説き続けなければならない。私はそのために1日の朝と夕に2回にわたって接見することもしばしばあった。

第3クールの注意点

　続いて第3クールを勾留延長からの6日間ないし7日間とする。この期間は、取調べもこれまで以上に過酷となり、それも長時間にわたる。とりわけ自白がなければ起訴できない事件ほど厳しい。すでに取調上の争点も絞られ、取調官はさまざまに手練手管を使って被疑者を追及する。

　一方、弁護人も争点に応じた弁明の方策を助言することになる。が、注意しておかねばならないことは、聞く耳を持たない取調官（大部分がそうであるが）に理解を得ようとして必死に弁明させないことである。被疑者には無力感だけが残り、捨て鉢になることすらある。

　また弁明するとしても、不正確なことや細部にわたった供述はさせないほうがよい。1つの誤りを押さえられ、その結果、全体の供述を崩してしまうことがある（理詰めの質問による自白）。

　しかし無実の者は、どうしても自己の真実を受け止めてほしいと願う衝動が強い。そこで、被疑者に弁明や主張を文章にしてもらい、それを弁護人が検察官

との交渉に使い、不起訴処分へ向けた方策をとることを教示するのも一つの対応策であろう。

　それにしても、この段階にくると被疑者は、拘束の継続はやむをえないと覚悟していても、長時間にわたる執拗な取調べに抗し切れず、取調べからの解放を強く求めることも多い。

　弁護人としては如何ともし難いが、日々の接見において必ず体調のことを聞き、少しでも問題があれば留置責任者に配慮を頼み、取調官にも面会を求めて注文をつけておかねばならない。取調べの手法に強い抗議をすることもある。

　また、事件のことを離れて家族のことや、外で起こっている適切な話題を提供し、リラックスさせてやることにほとんどの接見時間を割くなどの工夫をしつつ、なんとか第4クールまでつなげていくことである。

第4クールの注意点

　第4クールは、勾留満了までの3日ないし4日間である。この段階まで来ると、被疑者が不任意の自白をすることはまずないが、検察官調べが集中するので、被疑者とはきめ細かい打合せをしておかねばならず、弁護人の力点も検察官との交渉に移ってくる。

　ただ、被疑者からは起訴された場合の保釈の可能性についての意見を必ずといってよいほど求められる。弁護人としては、高い確率をもって結果の予想ができるが、それをどのように説明するか、また、結論をはっきり回答するか否かは、取調べの状況や被疑者の状態によって異なってこよう。

まとめに代えて

　無実の者が誤った自白をすることは多い。

　私の手もとに法務研修所が昭和29年5月に発行した「起訴後真犯人の現れた事件の検討」という検察研究叢書がある。それによると、全国地検に照会して「起訴後に真犯人の発見された事件」を調査したところ、新刑訴法施行後の昭和24年4月以降昭和29年5月までに合計46件あることが報告されたとされ

ている。少なくとも1年間に10人以上もの冤罪者を確実に出したことになる。そして、その原因は新刑訴法上の問題ではなく、捜査側の取調べの劣悪さによって誘発された虚偽自白によることもわかった。

　しかし、それから、さらに半世紀を経た今においても、被疑者取調の実態は、ほとんど変わってはいないといってよい。この間、裁判所も死刑再審4事件をはじめとする再審事件を通して、自白の恐ろしさを学習したはずである。それにもかかわらず、今もって「自白調書」に依存し、違法ないし不当な取調べを規制するという視点からの判断を下すことに極めて消極的態度をとり続けている。

　身体を拘束された被疑者は、外界からまったく遮断され、食事や休息をとることはもとより、起床することから睡眠をとることさえ管理されるという拘禁状態に置かれる。精神医学上の「拘禁反応」や「適応障害」に至らないまでも、精神的に不安定となり、程度の差はあるもののなにがしかの障害を来しているとみてよい（私は、これを「拘禁障害」と呼んでいる）。

　そのうえで、さらに一定の場所（取調室）に閉じ込められ1日10時間にも及ぶ執拗な取調べが継続されたら、暴行や脅迫が加わらなくとも、そこから逃避したいということだけですら自白をするというのは真実のことである。

　私は、任意であるとしても、午前2時間、午後3時間以上の取調べは制限されるべきであると考える。最高裁は、継続的かつ長時間にわたる取調べの違法性について、あまりにも無理解でありすぎる。

　人間的環境から隔絶された被疑者は人格すら解体されている。せめて弁護人が、日々健康のことをたずね、少しでも正常な精神状態に回復させようとする接見すら「取調の必要性」というもとで疎外されるとするのであるから、もはや暴力によらない「拷問」を最高裁が許容しているといえば言い過ぎであろうか。

　弁護士会としても、拘禁と長時間の取調べという組合せによって、人間がどのような精神状態になるのかを精神医学者の協力も得て、実証的に分析していく作業が必要となろう。

　このような思いを込めて第3節を設けた。

　　　[1]　身体拘束下の被疑者と弁護人が接見したあと、捜査官が被疑者から接見時に

おける弁護人との談話の内容を聴取することができるかという問題である。結論はいうまでもなく、接見の秘密の保障は、憲法34条前段、37条3項によって、また法39条2項の解釈としても絶対的なものであって認容されず、「取調べの必要性」が後退することはもはや当然の理である。ところが、日弁連接見交通確立実行委員会の中核メンバーである赤松範夫弁護士（兵庫県弁護士会）の話によると、これだけ接見交通権の問題が争われてきた今日においても、検察官が被疑者から弁護人との接見内容を聴取し、しかもその一部を被疑者の検察官調書に記載した事件があったという（神戸地方裁判所姫路支部平成14年㈹第450号傷害致死事件）。国賠訴訟の新しい課題となる可能性がある。

[2] 被疑者との接見内容を録音テープにとって持ち帰ることの可否の問題であるが、古くは昭和38年4月4日法務省矯正甲279号矯正局長発の通達によって、「再生のうえ検査をすることができる」とされていた。が、現実には検査ができないと解する旨の運用がとられてきた。詳しくは拙編「被疑者との接見内容を録音テープにとることの可否」刑弁センター通信1号（1991年5月）。仮に通達による運用を強制すれば、違憲・違法となることは明らかであろう。最近の参考判例として大阪地裁平成16年3月9日判決がある（判時1858-79「後藤国賠事件」。詳しくは、後藤国賠訴訟弁護団編『ビデオ再生と秘密交通権——後藤国賠訴訟の記録』〔2004年、現代人文社〕）。

第4節　接見交通の補助手段について若干の考察

問題の所在

　身体を拘束され、外界から遮断された被疑者にとって早急かつ継続的な法的援助が必要なことはいうまでもない。しかし一方、法的援助を提供する弁護士にとって、事件の依頼は多くの場合予定外の仕事として持ち込まれ、さらに被疑者の身体が交通の便の悪い地域の代用監獄に置かれると、一段と時間的制約が厳しくなる。また、被疑者が外国人や聴覚障害者である場合、通訳人の確保とその者との時間調整の必要によってさらに著しい制約を受けざるをえない。

　最も早急な援助としての初期の接見交通は、当番弁護士制度の拡充や個々

の弁護士のやりくりによって実現できよう。が、10日間ないし20日間という勾留期間中における継続的援助ということになると問題は残る。

そこで本稿は、これを補充する方策として、1つは電話接見の問題について、1つは特別弁護人の問題について、検討してみようとするものである。

電話接見の活用

ここでの「電話接見」という用語は、身体の拘束を受けている被疑者が、電話を通して弁護人から法的援助を受けるということとして使用する。そこで、この問題の第1は、法文の趣旨から、そのことが可能であるのかということ、第2は、可能であるとしての、その実効性如何ということである。

電話接見の可否

まず第1の電話接見の可否については、もとよりこれを認める直接の法的根拠もない。逆にこれを否定する法的根拠もない。ただ、これまで、身体の拘束を受けている被疑者が直接弁護人から助言を受けるには、当然「面会方式」によることが前提とされてきたうえ、身体を拘束されている在監者に対しては、接見室における直接の面会を原則としており、現に刑訴法39条1項の「立会人なくして」の規定は面会を前提としているし、監獄法施行規則126条1項は「接見ハ接見場所ニ於テ之ヲ為シム可シ」と規定するものであって、罪証隠滅、逃亡、の防止の拘禁目的を実現するうえで、被疑者の権利を「面会方式」に限定したとしても、合理的な制約として許容される。従って、いわゆる「電話接見」は認められないと読める（消極説）。

これに対して三井誠教授は、「接見を面会形式に限る理由は説得的であるとは必ずしもいえない。接見が権利として認められるのは、立法者が被疑者が実質的に弁護人から法的助言を得ることの重要性に着目したからであろう。そうであるとすれば、助言を得る態様をさほど固定的に把える必要はない。法39条1項の英訳は『have an interview with his defence counsel』として解釈論としても電話接見の活用が肯定されてよい」とされている（「接見交通権問題

の現状と今後」法律時報65巻3号〔1993年〕19頁以下）。

　確かに、電話による弁護人と被疑者の打合せ（これを電話接見と呼ぶかどうかは別として）が有用なことはしばしばある。たとえば、被疑者が特定の弁護士に弁護を依頼するとき、現在のところは、捜査官や留置責任者を介して、間接的かつ一方的に伝達されてくるに過ぎないから、依頼関係が成立するについて不安的で、また時間を要する。これが電話によって直接打合せができるとなると、迅速に意思の疎通が図れて望ましい。また、取調べを受けている途中で弁護人と相談したいという状況が生じた場合、電話によって速やかに相談ができ、対応がとれることになれば、被疑者の助けとなり、防御上重要な意味を持つことは明らかで、三井教授の指摘どおり接見交通権の範疇の権利として面会方式に準じる態様としての「電話接見」を否定する理由はない（積極説）。

　身体の拘束を受けた被疑者は、弁護人に依頼する権利があり、この依頼権は単に依頼にとどまらず、弁護人から実質的な弁護を受ける権利が実定法上保障されていることはいうまでもない。被疑者は無罪推定の者として、捜査官と対等な一方の当事者としての防御活動を展開することのできる地位にあるから、逃亡および罪証隠滅の防止という勾留目的を達するため、必要かつ最小限度の制約に服するとしても、原則として、それ以外の制約を受ける法的根拠はないはずであった。したがって、弁護人との交通は、面会・書面にとどまらず、電話などの手段によっても広く保障されるべきであるから、積極説が支持されるべきである。

　そして、被疑者と弁護人との電話による打合せは、面会方式においても「秘密裡に行われる」保障との対比において、これを規制する理由は見出せない。ただ証拠隠滅の恐れの防止上問題があるから、要するに電話による相手方の確認が施設側の手によってとられればよいに過ぎない。

　また電話利用のあり方、通話料の支払いについて施設側の負担も問題となろうが、たとえば被疑者が電報や親書を発する場合、施設側の事情でこれを制約することが許されず、現実に処理されていることに鑑みても、電話はこれと同様あるいはそれ以上に不可欠な外部通信の手段であるから、その手段を肯定したうえで合理的最小の基準を定めればよいということになろう。

電話利用における実効性

　そこで、第2の電話利用における実効性という問題となるが、現状としては、もっぱら施設側の事情によって抵抗が強く、留置官が、ごく事務的な事項に限って取次ぎをしてくれる程度である（たとえば被疑者から面会の希望がある旨伝えられ、弁護人からその日時を回答し伝言してもらう）。時に捜査官が便宜を図って被疑者に直接架電させることもあるが、この場合はほとんど利益誘導の一貫としてであると見てよい。

　被疑者が電話を活用する必要性は、すでに述べたとおり弁護人の選任手続を直接かつ確実にとりたいとき、取調べに対する対応について、即時に援助を受けたいときを例示したが、ほかにもたとえば弁護人が連続接見を実行していないケースでは、勾留裁判や検察官調べの開始される予定日時など捜査の進展状況の情報を確実に伝え、弁護人が捜査における節目、節目で充分な対応を誤らないように直接電話によって一般的助言をしておくこと、あるいは健康状態に変化が生じた場合、迅速かつ確実に訴えておきたいとき、など多岐にわたる。

　ただ、強調しておくべきことは、当然のことながら、実務的に取調べに対する具体的な対応や防御上の方針などについては、あくまで面会のうえ果たすべきものであって、電話の活用はこれを補充する手段にとどめねばならないということである。いずれにしてもこの問題は立法化への検討と合わせて、現行法の枠内でも柔軟な運用がなされ、実務への定着が図られるためにさらに議論を深めていかねばならない今後の課題である。

特別弁護人の活用

特別弁護人制度のねらい

　被疑者・被告人は、資格のある弁護士の法的援助を受けることが、憲法上の基本権として保障されている。しかし、刑訴法31条2項は例外として特別弁護人による弁護を許容している。法は、この特別弁護人制度によって2つの機能を果たすことをねらいとしたとされてきた。

1つは、事案が軽微な場合、弁護人資格を有しないが、本人よりはすぐれた代理人を選任し、弁護人不足と経済性を補う方策としたものであって、簡易裁判所、家庭裁判所での手続に限って認められる。
　もう1つは、弁護人資格を有する弁護人が選任されてはいるが、特別な専門知識を必要とするような具体的事件について専門家の助力を求める方策としてのものであって、簡易裁判所、家庭裁判所はもとより、地方裁判所における事件についても認められる。視点を変えていえば、第1は弁護士たる弁護人の代替型として、第2は弁護士たる弁護人の補完型としての2類型であるといえる。
　さて、この制度を検討するにあたって結論からいえば、第1の類型については被疑者・被告人に対する国選弁護人の充実・強化によって資格のある弁護人を広く選任していくという縮小方向で解決すべき問題であり、第2の類型については、その役割を評価し、事件性を問わず、かつ審級にこだわらず広く活用を認めるという拡大方向で検討すべきであると考えたい。ここでのテーマはもとより第2の類型を捜査段階において採用すべしとの問題提起をするものである。
　第2の類型における特別弁護人に期待される役割は、専門的知識を必要とする事件について、資格者たる弁護士の知識で間に合わないことがあるので、これを補完させるものというのがこれまでの議論であった。したがって裁判所は、証人尋問や鑑定の制度によって充分補填できるはずであって、実効性がないとして、特別弁護人を認めることに極めて消極的であったといえる（たとえば、熊谷弘「特別弁護人についての考え方」法律時報430-2）。

特別弁護人制度に対する問題提起

　しかし、特別弁護人の役割を事件についての専門的知識の補完であると限定して考えることに問題があるのではないか。あるいはこれまでの議論はともかく、現在要請されている役割の見直し論を含めた再検討がなされるべきではないか。2〜3の例を通して問題提起をしたい。
　第1は、問題となってきた専門知識を必要とする事件での活用。たとえば税務をめぐる事件について、公認会計士や税理士の参加によって、単に税務知識を補完するにとどまらず防御のための証拠収集、整理、検討、そして正しい事

件の解明に至るまでの援助を求めることが望まれることは多い。そうだとすると特別弁護人が捜査段階から関与することが能率的・効果的であることはいうまでもなく、被疑者・被告人の援助をより豊かなものとする。

　第2は、被疑者・被告人が外国人や聴覚障害者であった場合、通訳人となりうるものが、同時に特別弁護人としても活動できる道を開いたほうが防御上すぐれているケースが多いと思われる。たとえば、基本的弁護方針の決定や訴訟技術の選択はもとより資格のある弁護人が果すべきであるが、より被疑者・被告人と意思疎通の可能な通訳人がこれらの者の立場に立って事件に関与することを許容したほうが、この種の事件は審理が空洞化しないはずである。そうであるとすると、やはり捜査段階から特別弁護人の関与することを許すほうがよい。

　第3は、被疑者・被告人に精神疾患があるなど、責任能力に問題が生じるような事件について、当初から精神科医が特別弁護人に選任されることが許容されるとすれば、手厚い援助を保障できることは明らかであろう。これもやはり、捜査段階からの関与が望まれる。

　第4は、身体拘束を受けた被疑者に対して、弁護人はその勾留期間中、可能な限り連続接見をすることが被疑者の防御上望ましいことは誰しも否定しない。とくに「否認事件」については是非そのことが積極的に要請されている。

　しかし、現実には、複数の事件を平行して処理しているわが国の弁護士にとっては極めて困難を強いるものである。そこでこれを補完するために特別弁護人の選任を求めて対応することができれば、被疑者により高い援助を保障することが可能となる。たとえば、この場合の特別弁護人として、大学の法学部の大学院生などを供給源として考えてもよいのではないか。

　最近とみに「司法の国民参加」が提唱されているが、それは裁判傍聴や陪審の問題に尽きるものではなく、現実の制度論を活用していくことによって、法曹三者による司法の独占を排し、司法の発展を実りのあるものにしていくという視点からも再検討されるべきひとつの制度ではないだろうか。

法解釈上の問題

　ところで、捜査段階から特別弁護人を選任することの政策的必要性を提起し

てきたが、その前提として、公訴起訴前の被疑者が刑訴法31条2項によって特別弁護人を選任できるかという法解釈上の問題がある。

まず、学説は否定的に解する見解が目立つ（たとえば、『ポケット註釈刑事訴訟法』〔1988年、有斐閣〕54頁、『条解刑事訴訟法』〔1950年、弘文堂〕43頁、松尾浩也『刑事訴訟法 上』〔1991年、弘文堂〕181頁）。が、不起訴処分を獲得するための証拠の収集等について、被疑者本人に身近な特別弁護人のほうが有利であるとしてこれを肯定する見解（たとえば平場安治ほか編『注解刑事訴訟法 上』〔1987年、青林書院〕95頁、熊谷弘ほか編『公判法大系II』〔1974年、日本評論社〕228頁）もあって、いずれが通説とも言い難く、むしろこれまでさした論争となっていなかった問題と見るべきであろう。

そしてこれまでの議論が、第1類型と第2類型とを区別することなく、一括して肯定、否定と両説が入り乱れているところが問題である。そのことの弊害が最3小決平5・10・19（平成5年(レ)第79号事件）によって浮き彫りになったように思われる。

最高裁決定の事件概略と判旨は次のようなものであった。

〈事件概要〉

被疑者Aは、平成5年2月11日、広島県内の中国自動車道で制限速度を約33km超えた速度で、光電式車両速度測定装置を使用して取締中の警察官に検挙されたが、事実を否認し、検察官の取調べを受けることになったところから、京都簡易裁判所に対して、同年6月4日、法律および速度取締機器について知識を有するB（大学院生）を特別弁護人に選任する許可の申立をした。これに対して京都簡易裁判所の裁判官は、同年6月7日「本件申立を許可しない」旨をAに通知した。Aは大阪高裁に対して抗告の申立をしたが、大阪高裁は本件抗告を棄却した（大阪高決平5・7・16、判時146-161）。

Aはさらに右大阪高裁の決定に対して特別抗告の申立をした。

〈判旨〉

最高裁は本申立が刑訴法433条の抗告の理由にあたらないとして抗告を棄

却したが、その理由において次のような見解を示した。

　刑訴法31条1項は、弁護人は弁護士の中から選任しなければならないと規定し、弁護士でないものを弁護人に選任することを一般的に禁止しており、同条2項は、同条1項の一般的禁止の例外として、弁護士でない者を弁護人に選任するいわゆる特別弁護人を選任することができる場合を認めている。同条2項が例外規定であって、同項が「簡易裁判所、家庭裁判所又は地方裁判所においては、裁判所の許可を得たときは」と規定している趣旨、そして、同項但書が、地方裁判所において特別弁護人の選任が許可されるのは他に弁護士の中から選任された弁護人がある場合に限るとし、地方裁判所と簡易裁判所および家庭裁判所との間で選任の要件に区別を設けているところ、捜査中の事件については、右いずれの裁判所に公訴が提起されるか未だ確定しているとはいえないから、簡易裁判所または家庭裁判所が特別弁護人の選任を許可した後、地方裁判所に公訴が提起された場合を考えると、他に弁護士の中から選任された弁護人がいない限り、同項但書に抵触する事態を招く結果となることなどに鑑みると、特別弁護人の選任が許可されるのは、上記各裁判所に公訴が提起された後に限られるものと解するのが相当である。

　最高裁の決定は、規定の体裁から見た形式論であって、条文上の解釈について必ずしも正鵠を得ておらず、さらに実質的理由が展開されていない不満もある。なお大野正男裁判官の補足意見はあるが、必ずしも的確なポイントを得た指摘とは思われない。

　そして最高裁判決の読み方として留意すべきは、本件は、第1類型についての特別弁護人選任をめぐる問題についての判断であるということである。その限りにおいて最高裁が消極的見解をとったことは、これまでの議論から肯首できないわけではない。

　だが、公訴提起前の被疑者について、特別弁護人を一切許容しないという結論を示したものとはいえず、第2類型の特別弁護人の選任を必要とする事案では別な結論が導き出されるべきである。

補説

　本稿は、平成6（1994）年3月発刊の「刑事弁護センター通信」に掲載されたものであるから、それから逆算すると平成5年12月末頃には脱稿していると思われる。

　私の記憶によると、その年の10月頃、なにかの機会に三井誠先生にお会いしたときに、たまたま電話接見の話が出た。正直にいって当時の私は、「電話接見」について必ずしも積極的ではなく、弁護士過疎地域における被疑者への法的援助が過疎であるがゆえに電話で代替されてしまうことを危惧していた。

　もっとも、あくまで面会による接見の補助手段として活用することは充分に考えるべきだという立場でもあったから、いっそのこと法学部の大学院生が接見できるようにしたらどうだろうか、電話よりも補助手段としては有益だし、院生の教育実践にもなるという冗談事を私のほうから申し上げた。

　その後、平成5年10月19日の前掲の最高裁決定における大野正男先生の補足意見を読み、三井先生との冗談話を思い出すままにしたためたものである。

　被疑者の電話による外部交通権に関する文献として、福井厚教授のドイツの紹介例が参考になる。文献としては『季刊刑事弁護』№6（2001年）62頁および『光藤景皎先生古希祝賀論文集』（2001年、成文堂）307頁がある。

　折りしも「拘禁法案」の立法化が再燃しており、未決被収容者の施設外の者との電話による通信の権利性を実現させていくための具体的な検討がなされねばならない。

第6章　積極的弁護活動

　捜査弁護において、被疑者の防御上、最も活用されていない手続のひとつは、勾留理由開示であり、もう1つは証拠保全であろう。
　そこで、積極的弁護活動というタイトルをつけて、2つのテーマを取り上げた。
　もっとも、第1節の「勾留理由開示手続について」は、刑事弁護センター通信3号（1991年11月）に、第2節の「刑事手続上の証拠保全について」も同通信10号（1995年8月）に掲載されたもので、第1節については、若干の補説を加えた。
　第2節については、いずれ全面的に再構成をする予定であるので、原文のままの掲載にとどめた。

第1節　勾留理由開示手続について

はじめに

　勾留理由開示手続は、不当拘禁を防止するため、公開の法廷で勾留の理由を開示する制度であり、もとより憲法34条後段に基づく（刑訴法82条〜86条）。
　現行の制度は、勾留理由を勾留状に従って裁判官が開示するにとどまり、身体拘束後にその要件の具備、不具備を対審構造によって審査する構造をとっていないと説明する者もいるが、むしろ積極的な意味づけをすべきで、実務家としては了解しえない理論である。私はかつてこの制度を目的との関連において、理由開示公判は、実態として「勾留取消を求める裁判」であると理解すべきとの

独自の見解を提起し、若干の理論根拠も明らかにしておいた(『捜査弁護の技術』1985年、兵庫出版サービス)。ともあれ、この制度目的は、被疑者を違法なあるいは不当な勾留から救済するものであると理解すべきである。

ただ、弁護人としては、そのことにとどまらず、被疑者を身体拘束による悪影響から、一時的に救済する効果をねらって活用すること(実務では「空気を入れる」という)、あるいは捜査官の取調べの違法行為を公にするなどの利点を見出しうることを覚えておくべきである。

それにもかかわらず、開示公判が、かつては「荒れる法廷」の代名詞とされ、その運用が形式化・形骸化していったのは、法曹三者にとって強く反省が求められるべきであり、今後この制度が、一般刑事事件においても活発に利用されることが望まれる。以下本稿のテーマ上、被疑者段階における問題に限定して検討しておく。

開示請求手続

この手続の請求者は、法82条によって定められている(利害関係人の解釈については、たとえば、熊谷弘ほか編『捜査法体系Ⅱ』〔1973年、日本評論社〕279頁以下[浦辺衛]参照のこと)。

請求の相手方は、裁判官であって、開示は必ず原裁判官によるべきである(法280条1項・3項、207条、規302条1項。なお、準抗告審で勾留状を発した場合は、一般的に準抗告裁判所が開示手続の権限を有すると解される)。

請求の方法は、口頭ではなしえず、必ず書面による(刑訴規則81条1項)。

開示期日は、請求をした日から5日以内に指定されることになるのが原則である(規84条)。さらに、被疑者、弁護人の立会いの下(法83条3項・規82条2項3項)、公開の法廷においてなされるから、弁護人としては、裁判官と開示期日についての日程調整を充分行うよう留意しなければならず、一方的に指定させてはならない。

弁護人の準備

　次に開示法廷に臨む弁護人の準備しておくべき事項について列挙しておく。
① 開示請求に先立って、被疑者の了解をとり、その趣旨と目的を充分伝え、開示公判を持つことによって捜査機関が被疑者に加えるであろう圧力を排除しておくこと（捜査機関は、開示公判を嫌い、被疑者に請求の取下げ要請や不出頭要請をさせるなどの圧力をかけることがしばしばある）。
② 開示期日が決まると、さらに接見を重ね被疑者が法廷で陳述すべき意見について打合せをすること。この場合、意見内容は自らの無実を訴えるものから、不当な取調べ状況を訴えるものまで事案によって多様であるが、前者の主張に力点をおくときには、捜査との関係で、内容の吟味を慎重にさせておくこと。
③ 弁護人自身として、当該事件の勾留の理由、必要性についての問題点を整理し、裁判官、検察官に対する求釈明事項を検討すること。もっとも、検察官はもとより、裁判官も釈明に応じるとは限らないので、この場合の攻め方についても対応を考えておく。
④ 弁護人としての意見陳述の内容をまとめ、骨子をメモしておくこと。意見陳述は、10分を超えることができないとされている（規85条の3第1項）ので、要領よくポイントを絞り、勾留取消を目指した指摘をすべきである。
　なお、③④の関連については、さらに後述する開示法廷の持ち方とも合わせて検討されたい。

開示公判の持ち方

　そこで、弁護人として、開示公判をどのように展開していくかについて言及する。
　開示公判における弁護人にとっての最大の問題は、勾留理由および必要性について、どの程度開示させることができるか、またその根拠および証拠資料をどの程度明らかにさせることができるか、ということにかかるといってよい。
　憲法は、勾留理由を「示す」ことを要求しているだけであって、その当否を審

査して下すことまで要求したものでないと解し、裁判官の開示は概して簡単であることのほうが多い。

　そこで弁護人としては、告知された理由が不明であるとして、まず釈明を求めることになる。この求釈明に対してどの程度裁判官が応ずるかは、俗っぽくいえば裁判官の体質によって異なるし、理論的にいえば結局本制度を裁判官がどのように理解しているかによって異なる。

　例を引いて検討する。たとえば、傷害事件の被疑者として勾留され、当該事件について否認している場合には、勾留を認めた証拠として被害者の供述調書、診断書等があることは明らかであろうが、目撃者の存在が予想されるとき、弁護人としては釈明しておきたいところである。具体的目撃者の氏名についてまで開示させることは困難であるが、目撃者が捜査官であるのか、被害者の家族であるのかなど、その立場を明らかにする程度の開示がなされても捜査の密行性に反せず、本制度を不法勾留からの救済にあるとするとき、許容されてしかるべき開示の範囲内にあるというべきであろう。そして目撃者が、たとえば捜査官であるとの釈明を受ければ、これに対する罪証隠滅の恐れはないはずであり、勾留の必要性なしとの主張に結びつけることができることになる。このあたりは第一線の裁判官も充分認識している（豊吉彬「特集　捜査と人権」判タ296号262頁）ところであるが、理論的根拠について理解をしたうえで法廷に臨む心がけが必要である（新関雅夫ほか『令状基本問題』〔1986年、一粒社〕469頁［木谷明］）。

　被害者の供述調書もあり、被疑者も自白している場合、本来この場合は、罪証隠滅の相当の理由があるとは考えられないところである。そこで勾留の必要性について釈明を求めるとする。裁判官は概して、勾留状発付時の事情として、被害者の供述は司法警察員に対してなされているに過ぎず、未だ検察官の調べが終了していないことを根拠とするものである。しからば開示公判の現段階で、検察官の調べが終了しているか否かの釈明を求め、この間に終了しているとすれば、勾留の必要性が消滅したことになるとの主張を展開することが可能となる。取調べ未了だとすれば、検察官に対してその事情を追求してみることもよい。ここでの理論的問題は、いつの時点の理由を開示すべきかという考え方と関連する

が、本制度を不法拘禁からの救済との視点でとらえる以上、理由開示当時のそれをも含むと解すべきである(同旨、浦辺・前掲272頁、木谷・前掲465頁)。

弁護人が留意すべきこと

最後に弁護人として留意すべき3点について指摘しておく。

1つ目は、開示請求の時期について、実務家の意見として、まず勾留に対する準抗告をなし、時期を遅らせて勾留理由開示請求をするほうがよいと教える考え方がある(釘沢一郎編『講座現在の弁護士 第4』170頁[田邨正義])が、一般論として賛成しえない。準抗告の申立と並行して請求をしてよい。

2つ目は、勾留取消の申立をなすべきであって、開示公判のやりっ放しというのはよくない。取消し請求は開示公判でこれをなし、速やかに書面を提出すべきである。

3つ目は、開示記録の閲覧、謄写権の問題についてである。開示公判においては、勾留理由開示調書の作成が義務づけられている(規86条)。

弁護人としては固有の権利として、当該記録の閲覧謄写権を有する。ただ、刑訴法40条との関係において、起訴前には原則として権利行使が制約されていると解されているかのようである。

しかし法40条はかかる場合も含む趣旨の立法とは思えない。裁判所が起訴前において閲覧、謄写を許可することに阻害となる規定ではないと解すべきである。最高裁が昭和34・1・20最高裁刑2第12号刑事局長回答によっても「開示記録の主なものは調書であり、その内容は既に公開の法廷で行われた手続きでありますから、起訴前においてもこれを閲覧・謄写することが、手続上被疑者の弁護のために必要であると認められるとされ、これを許してもさしつかえないものと考えます」としていることを附記しておく。

補説

憲法34条後段の「何人も、正当な理由がなければ、拘禁されず、要求があれ

ばその理由は、直ちに本人及びその弁護人の出席する公開の法廷で示されなければならない」の規定の理解の仕方については争いがある（学説の対立については、たとえば、木谷明『新版・令状基本問題』〔1986年、一粒社〕463頁を参照のこと）。

私は、この点について、前掲『捜査弁護の技術』(1985年)において、英米法のヘイビアス・コーパス（Habeas corpos）に由来し、刑事手続における不法拘禁からの救済を主眼に置いたものとした。有力な憲法学者も、この規定とヘイビアス・コーパスとの関連性を肯定している（たとえば、佐藤幸治『憲法新版』〔1990年、青林書院〕、芦部信喜『憲法新版』〔1997年、岩波書店〕など）。

しかし、刑訴学者や裁判実務家は必ずしもそうではない。たとえば田宮裕教授は、英米法のヘイビアス・コーパスまたは予備審問を念頭に置いたかもしれないが、いずれとも異なって、ドイツの勾留審判制度に近い制度と位置づけるべきだとされる（『刑事訴訟法』〔1992年、有斐閣〕89頁、前掲木谷説も同趣旨と思われる）。

この理解の相違は、法82条1項により開示すべき理由や開示の範囲・程度をめぐって解釈上の争いに影響を与える。

確かに法82条・規81条以下に規定された手続には、審理手続と決定手続を欠くことから見ても「わが国独自の制度」（松尾浩也『刑事訴訟法（上）』〔1979年、弘文堂〕94頁）といえるのかもしれない。

しかしながら、いずれの立場に立っても、憲法34条後段の立法趣旨が、不法拘禁からの救済を目指したものであることは争いがないのであるから、勾留理由開示制度を不法拘禁からの救済という視点から再構成しなければならない。

私は、前掲『捜査弁護の技術』でも述べたことであるが、この手続を勾留取消請求を前提とした裁判であると解してきた。

その理由の第1点は、刑訴法は勾留理由開示に関する法82条以下86条までの規定の次に勾留取消しに関する87条の規定を配置したこと。このことは、理由開示裁判の結果、被疑者らの申立あるいは職権によって勾留を取り消さなければならないことを前提としていると解される。

第2点は、法83条3項において、原則として弁護人が出頭しないときは開廷

することができないとしたこと。単に公開の法廷で、勾留した理由を告げるだけでよいとするなら、勾留状謄本の交付をすることで足りるのであって、開示裁判をする意味はなく、まして弁護人の立会いまで法が要請するはずもないのである。また、一方の当事者である検察官に対しても、勾留理由開示期日を通知しなければならず（規82条3項）、必要的でないとしても検察官は出席をして意見を述べることができる（法84条2項）とされているのであるから、審問的な訴訟的措置がとられていると理解できる。

第3点は、法82条2項において、勾留理由開示請求があった後に、保釈・勾留の執行停止、もしくは勾留の取消しがあった場合、当該請求が失効されるとされていること。理由開示の主たる目的が、刑事手続上の人権を闇から闇へ葬り去ることを監視するために公開の法廷での理由の開示が求められているのだとすれば、被疑者が釈放されたとして請求が失効するというのは自己矛盾であって、監視機能は働かない。

第4点は、法が理由開示の請求時期について制約を置かなかったことである。このことは、被拘束者の状況の変化に応じて、勾留が不当となったときには、釈放をすることを目指したものであることを意味する。

以上のような関連条文全体の構成に立って理由開示の範囲・程度は広くなされるべきとの結論を導くことになり、本稿で述べた実務上の手法をとることについて、なんら制約を受けてはならないと考える。なお、最近の文献として吉利用宣「起訴前勾留理由開示制度考・序説」『井戸田侃先生古稀祝賀論文集』（1995年、現代人文社）83頁がある。

第2節　刑事手続上の証拠保全について

はじめに

弁護士にとって民事手続としての証拠保全は誰しも経験を持つ。が、刑事手続上の証拠保全となると極めてなじみが薄いのが現状である。そこで刑訴法

179条による証拠保全手続について若干の問題点を指摘し、刑弁センターがこの問題を今後の研究課題の一つに取り込まれることを期待する。

証拠保全手続の留意点

　さて、法は、被告人、被疑者または弁護人（以下被疑者側と略す）において、第1回公判期日前に限り、裁判官をして証拠の保全ができるとした（法179条1項、同180条。ただし、第1回公判後は法298条による通常の証拠調請求）。もとより、被疑者側が当事者として積極的防御活動を実効化することを目的とする。

　「第1回公判期日前」とは、法の趣旨から、裁判所が証拠に接して差し支えのない段階が基準となるが、冒頭手続終了時までと見るか、検察官の冒頭陳述の終了時までと見るか解釈上若干の争いがある。

　実務的には後者と解するほうが手続が円滑に進むと思われる（同種の問題として、丹治ほか編『実務刑事弁護』〔1991年、三省堂〕31頁以下を参照されたい）。

　証拠保全の請求手続・その方法については、刑訴規則137条以下に規定が置かれている。とくに本制度は民訴法の証拠保全を参考として置かれた規定とされているから、弁護人にとってむしろなじみやすい制度であろう。

　本申立をするには、「あらかじめ証拠を保全しておかなければその証拠を使用することが困難な事情があるとき」とされる要件の存在（保全の必要性）とその事由が疏明されねばならない。

　証拠使用困難な事情とは、物証・書証については、滅失・散逸・変更・改ざん・隠匿のおそれ等がある場合であり、人証については、証人が老齢または病気のため余命のない場合、国外移住の予定、証言不能、供述の変更（第三者からの圧力によるなどで明白であること）のおそれなどのある場合、検証については、現場・現状の保存が困難な場合、鑑定については、対象物に滅失・毀損・改ざんのおそれがあり、かつ現状に変化が生じて保存に適しない場合、得難い鑑定人が証人と同じ理由のある場合などが考えられるとされる（平場安

治ほか『注解刑事訴訟法 上〔改訂増補〕』〔1997年、青林書院〕503頁）。

なお、保全の対象となる証拠は、直接証拠に限らず、たとえば自白の任意性に関する証拠の場合も認められる。千葉地決昭57・8・4は、殺人および窃盗事件の被告人が勾留中警察官から暴行を受けて自白を強要されたものとして、暴行の事実につき後日の心覚えのために警察留置場の壁面にメモした、右壁面の検証を認めている。

裁判官は一般に、証拠の保全活動は原則として当事者の責任で行うべきで、法179条1項は補充的、例外的場合であるとして、適用を狭く解する傾向に出るかもしれない。しかし、捜査機関の捜査権限に対応した被疑者側の防御権を保障した制度であることに鑑みると、逆に要件を広く解すべきである。

そこで、本申立にあたっては、実務上、次の諸点に留意しておかねばならない。
①保全の必要性についてできる限り具体化した主張を展開すること
②検察官に当該証拠の保全を期待することが困難な理由を明らかにしておくこと
③被疑者側における任意の保全では目的が果たせず、あるいは被疑者の利益保障が充分でないことを明らかにしておくこと
④疎明についても一般的、抽象的なものにとどめず、具体的な疎明をすること（藤永幸治「証拠保全制度の問題点」河村澄夫ほか編『刑事法ノート1』〔1983年、判例タイムズ社〕207頁以下は、東京地判昭62・12・21判時1295号77頁以下の事件を素材とした解説であると思料されるが、参考となる）

証拠保全請求を受けた裁判官は、請求を認め、保全手続をとるか、請求を却下するかの決定をすることになるが、実施される場合、当該処分に関して裁判所または裁判長と同一権限を有する（法179条2項）ので、受訴裁判所、裁判長がなす場合の規定がすべて準用され、検察官も立ち会うことができるし、証拠を無条件で閲覧・謄写もできる。捜査機関が行う証拠収集につき、被疑者側が受ける制限に対比し、不均衡ともいわれる所以である。

なお、保全された証拠は、公判で証拠とすることができる。基本的には検証調書は法321条2項、証人調書は321条1項1号、鑑定書は321条4項、証拠物は関連性の立証によることになる。

一方、請求却下の決定に対しては、押収の請求を却下した裁判所については、法429条1項2号に該当すると解されるので準抗告の申立ができる（従来積極・消極の両説があったが、最決昭55・11・18判時985-127で決着した。その他の場合は特別抗告〔法433号〕によるほか不服申立の方法はない）。

　検察官側から決定を争うことができないことは通説および実務である。

今後の課題

　ところで、本制度の活用が少ないことについて、たとえば弁護人にその熱意がないことや、公益の代表者なる検察官が被疑者に有利な証拠をも収集する結果保全の必要性がないなど種々その理由が取り上げられている（前掲・藤永197頁以下参照）。

　弁護人の事情から見れば、そもそも被疑者段階で弁護人が選任されることが少ないうえ、弁護人がついた場合でも、捜査機関が問疑する被疑事実、事件の全体像、捜査のねらいが、その密行性によって必ずしも明らかとならないため、調査が後手、後手にまわり証拠保全にまでとどかないことや、捜査段階では関係者あるいは一般市民が極めて非協力的となり、関わりを避ける傾向が顕著となる（捜査のあり方、マスコミ報道のあり方に帰因しているといえる）ことがあって、証拠収集が困難であることなどによる。

　証拠保全手続の活用は、今後2つの視点から再検討されるべきである。

　第1は、証拠保全制度自体の活用を活性化させることである。すでにして指摘されているとおり、確かに証拠保全制度は活発に利用されてこなかった。このことは捜査弁護活動の不活発もさることながら、「保全制度の意識」不足があったことは否めない。本制度が弁護権の強化・拡大を目指した戦後立法の新しい試みであったことを思えば、専門家として謙虚に反省するべきであろう。今後の課題として、マニュアルの策定などを通した実践的活動が問われている。

　第2は、証拠保全の再構成へのアプローチである。民事手続における証拠保全について相当議論が闘わされてきたことが参考となろう。民事手続においても証拠保全の可能範囲を拡大する運用とともに、進んで証拠開示機能の強

化を目指す理論（小島武司「証拠保全の再構成」自由と正義29巻4号）もあり、刑事手続上の議論としても参考となる。

　現在、法179条によって検察官手持ち証拠の事前開示の道を探る議論も提起されているところである。今後の課題として取り上げることを期待するゆえんである。

第7章　刑事弁護人の役割について

　第3章の「捜査弁護の技法について」の項で、私は、①刑事弁護人にはいわゆる「真実義務」がない、②黙秘権の行使を積極的に助言することができるとの立場をとった。その結論に至った考え方をここで明らかにしておくことにする。そのことは、また、刑事弁護人の役割論について私なりの考え方を語ることでもある。もっとも、このテーマについては、すでに優れた文献が多くあって、とりたてて新しい問題提起とはなっていないことをはじめにお断りしておきたい。

刑事弁護人は「真実義務」を負うか

刑事手続の目的

　刑事手続の目的として、基本的人権の保障と真相の究明、すなわち実体的真実の発見があるとされる（法1条）。しかし、両者は時として対立・矛盾する価値となって「罪ある者は必ず処罰する」という必罰主義・実体的真実主義か、あるいは「罪のない者を処罰してはならない」という無辜の不処罰理念・消極的真実主義か、という問題として争われてきた。が、現代の刑事手続法の理念の下では、人権保障の価値が優先され、その限りにおいて真実の究明は後退する。そして被疑者・被告人（総括として「被訴追者」という）は、等しく人間として、その人格の尊厳に敬意が払われ、かつ「無罪推定」の者として訴追者（検察官）と対等の立場に立ち、独立した訴訟当事者たる地位を占める。これは刑事手続における「職権主義」から「当事者主義」化への歴史の流れでもあった。

　しかし、訴追者（検察官）は、国家の機関として強大な力（権力）を持つが、一方、被訴追者は私人であり、無力であるうえ、身体さえ拘束される。被訴追者に対して黙秘権・弁護権などさまざまな権利保障がなされなければならず、

また、その権利は法律の専門家（弁護人）によって支えられない限り保障される
はずもない。そこで弁護人の役割は、被訴追者の人権を擁護し、彼らの利益・
権利の実現を図るために憲法上要請される任務を果たすことに尽きるといえる。
この任務は、被訴追者との関係において求められる「誠実義務」の問題でもあ
る。

　このような原理の下で、被訴追者は、訴追者に対しても、裁判所に対しても
真実義務を負わない。弁護人も被訴追者の権利実現を図ることによって、その
活動の結果が「真実の発見」の妨げになったとしても、当然に許容される。弁護
人となる弁護士の使命である「社会正義を実現」（弁護士法1条）とは、社会的
弱者である被訴追者の権利を擁護することによって、主権が国民の側にあるこ
とを不断に明らかにし、民主主義の原則の崩壊を阻止することにある。法制度
が民主的であったとしても、その制度を担う者（警察・検察・裁判所）が、その
制度を骨抜きにし、全体主義へ移行することに手を貸すことは、歴史の教える
ところであって、弁護士は憲法によって、国民の人権を権力から守るという使命を
よく果たすこと、そのことこそが「正義」であることはもはや自明の理で、裁判所
のいう「正義」とは異なる。

　かくして、刑事弁護人の役割が、被訴追者の利益・権利を擁護することにあ
るということについて反対する者はなく、これは一致した理念となる。

　しかし、ある理念が成立するためには、いったい何が否定されるかということ
を明らかにしない限り、不透明で脆弱なものになる。とすると、ここで何が否定
されるのか。答えは、訴追者が求めてやまなかったいわゆる「真実義務」という極
めて曖昧な思想ではなかったのか。

　以下、これまでの論争について、若干のコメントをしておきたい。

弁護人の真実義務に関する論争

　刑事弁護人は「真実義務を負うか」という論争について、さまざまな論文があ
るが、命題としての「真実義務」の概念が、論者によってばらばらで、よくわから
ないところがある。従前は、真実義務とは「裁判所の真実発見に協力する義務
があるか」という問いかけとして問題が提起された（宮原守男「弁護人の権利お

よび義務」『公判法大系Ⅱ』〔1975年、日本評論社〕178頁）。

　かかる意味における「真実義務」が否定されることは、歴史の所産であり、もはや異論はあるまい。

　ところが、最近の議論は「積極的真実義務」と「消極的真実義務」とを区分し、積極的な真実発見への協力義務はないが、消極的妨害回避義務の存否が問題として問われるのだとされる（石井吉一「弁護人の責務」『刑事訴訟法の争点2003年〔第3版〕』〔有斐閣〕28頁）。

　この議論の前提となっているのは、田宮裕教授が、弁護の機能として「当事者的機能」と「司法機関的機能」があるとされ、司法機関的機能として弁護人には、正義と真実に奉仕すべき使命があり、いかに被告人の利益のためとはいえ、国家法の許容限度を超えて違法行為に及ぶことはできない（田宮『刑事手続とその運用』〔1990年、有斐閣〕360頁）、そして「真実義務がかりに存在するとしても、積極的な提供開示義務ではなく、消極的な妨害回避義務である」（田宮『刑事訴訟法』〔1994年、有斐閣〕35頁）としたところによるものと思われる。

　佐藤博史弁護士が、前掲宮原の見解は実体的真実主義を前提とするものとして与しえないとしたうえで、「弁護人には被告人の利益・権利のために誠実にその職務を遂行する義務があり、被告人の権利の範囲内においては真実が犠牲になることを躊躇する必要はないが、弁護人といえども積極的に真実を歪める行為をしてはならないという意味における弁護人の真実義務は、むしろ強調されなくてはならない」とする（『刑事訴訟法の争点〔新版〕』〔1991年、有斐閣〕32頁）のも同じ考え方に立つと理解できる。

　これに対して、浦功弁護士は、弁護人が真実義務を負わないことを明確に論証する（浦「弁護人に真実義務はあるか」『刑事弁護の技術（上）』〔1994年、第一法規〕11頁）が、そこで論じられている「真実義務」の定義がやや不透明であるように思われる。もっとも同弁護士は、「多岐にわたる弁護活動における真実義務の内容を明確に定義づけることは必ずしも容易ではない」として「概括的には、裁判所・検察官による真実の発見を妨害しないこと、ないし積極的に真実をゆがめる行為をしないことだろう」とするもので、「真実義務」を佐藤弁護士のいう「消極的真実義務」とほぼ同様に把握したうえで、これを否定したと読

める。

　確かに、弁護人の「真実義務」をめぐる一連の論争の中で、弁護人が虚偽の証拠の提出など、積極的に裁判所を誤りに陥らせるような行為は許されず、これが弁護人の真実義務の一つであるとされてきたことは否定しえないが、このことについては後述する。

　次に、村岡啓一弁護士は、弁護人の義務は、依頼者である被疑者、被告人に対する誠実義務に尽きるものであって、いかなる意味においても「真実義務」はないとして、憲法の立法過程・アメリカ法から演繹しながら理論を純化する(村岡「刑事弁護人の誠実義務と真実義務」『平成8年度日弁連研修叢書』〔第一法規〕713頁)。しかし、同弁護士は「真実」につき、とりわけ刑訴法上あるいは弁護士倫理で問われている真実の発見という場合の真実を「訴訟的真実」であると解していると思われ、浦・佐藤弁護士の「真実」とは異なる。

　そうだとすると、それぞれの論者によって「真実義務」という場合の定義がまちまちであることになる。

　ただ、浦・村岡弁護士ともに、弁護人としての弁護活動は法の許容する範囲によって画され、それは「当事者主義に」(浦)、あるいは「誠実義務に」(村岡)内在する倫理的義務であるとする点では一致している。

弁護人の真実義務とは何か

　「真実」という用語の意味は、広辞苑によると「うそいつわりのないこと」「ほんとうのこと」「仮りでないこと」「絶対の真理」などとされる。そして、真相の究明＝真実とされるものは、絶対の真理、平たくいえば、神のみぞ知る事実であって、「訴訟的真実」ではないはずであった。

　ただ、人間は神ではないから、「可能な限り真相に近い事実」の発見を前提として、過去の出来事につき証拠によって手続的に決定できた事実を「真実」とするという擬制が「訴訟的真実」である。また、人間は神でないゆえに、絶対の真理を発見することができないから、近代刑事裁判は「疑わしきを罰せず」の大原則を立てて、裁判の正当性の根拠としたのである。

　このような認識の下で、被訴追者あるいは弁護人に対して求められてきたも

のは、裁判所が限りなく真相（絶対の真理）に近い事実を発見するために協力せよ、というものであったとみるのが正しい歴史的認識であろう。

そこで、「真実義務」とは、対裁判所との関係において、裁判における真実の発見に協力する義務であると理解しておくべきことになる。そして重要なことは、弁護人の知る事実は、被訴追者が主観的に認識する事実であって、それは多くの場合において真相に近いものではあろうが、絶対の真理ではないのである。

弁護人には、何が「真実」であるかを断罪するいかなる権限もないのである。裁判所が誤判を恐れなければならないように、弁護人も誤りを強く恐れなければならないはずである。

過去の歴史（たとえばナチス時代、これに対応するわが国の時代における状況を想起のこと）に学ぶとき、私としては、「真実義務」の意義について「積極的真実義務」と「消極的真実義務」をあえて区分し、論じなければならない理由を見出すことはできないのである。弁護人が、積極的に真実を歪める行為をしてはならないとする「妨害回避義務」といわれるものは、「真実義務」の問題から切り落として、浦弁護士のいう「当事者主義に内在する制約」としては、弁護士倫理上の問題として整理したうえで、具体的な事案に応じた弁護活動の限界を定めていくということが賢明ではあるまいか。

なお、付言すれば「真実義務」の問題は、民事裁判においても当然のこと論じられており、刑事裁判の場合と統一して解釈するという手法が一般的である。それゆえに、刑事事件を担当しない多くの弁護士（自称「民事弁護士」というらしいが、おかしなことである）から、刑事弁護人は真実義務を負わないという理論に対して手厳しい非難を浴びせていると仄聞するが、誠に無理解に起因するもので、残念というほかない。

そこで、私はむしろ制度理念が異なる2つの手続を統一して解釈する必要性はないと考えたい。

余談ながら、裁判を受ける権利について、私は、憲法31条＝刑事手続事件・憲法32条＝非刑事手続事件として、再構成する考え方を支持しているが、既存の概念にとらわれることなく、常に新しい理論構成への模索を期待したい。

余談ついでながら、浦弁護士のいう「内在的制約」なるものと、佐藤弁護士

のいう「消極的真実義務」とは内容的にほぼ同一のものであって、説明の仕方が異なるだけのように見える。が、必ずしもそのように割り切ることはできない。勝手な推測ではあるが、両者では「国家観」や「弁護士としてのスタイル」(最近は「弁護士モデル論」というらしい)が、異なっているものと思われる。

このことについては他日のこととしたい。

黙秘権の行使と弁護活動

最高裁が行ってきたこと

私が、弁護士登録をした昭和46(1971)年の時代においてすら、少なくとも関西における裁判所管内において、弁護人が被疑者に対して黙秘権の法的効果を教示することを越えて、その行使を積極的に勧告することを非難されるということはなかった。

少し時代背景に触れておくと、昭和46年といえばポスト経済成長の時代に移行を見た時期(一応1970年から1980年と区分する)で、それまでの高度成長の反省と価値観の転換が強調され、あらゆる場面で市民参加の要求が噴出する。東大闘争に代表されるように、大学紛争があちこちで起こり、労働運動も激しさを増し、かつ全国的広がりを見せていた。刑事裁判の場合においても、いわゆる「荒れる法廷」が出現し、弁護士自治の根幹をも揺さぶりかねない事態を招いた。

このような時代状況の中で、最高裁は、あからさまに社会的秩序の維持を重視し、裁判官の思想統制を強化するという反動政策に出る。その1つが「青法協」裁判官グループに対する制裁と差別化でもあった。

また、最高裁は、自らの判決においても「公安・労働事件」といわれる事案において、憲法上の権利である市民的自由権を躊躇することもなく否定する(たとえば、1975年の「羽田空港デモ事件」を見よ)。が、一方、在野の弁護士はもとより、良心的な現場の裁判官の多くが、民主主義と基本的人権を守るために、よく抗することのできた生き生きとした時代でもあった。

たとえば、青年法律家協会裁判官部会編『刑事実務の研究』(日本評論社)

が出版されたのは、昭和46年11月30日である。この書は、今も有益で輝きを残しているといえる。

　しかし、最高裁は、その後むき出しの統制から巧妙な手法に切り替えつつ、裁判官会議を形骸化させ、個々の裁判官に対する転任と報酬の細分化による差別を梃子として、官僚制支配を強化させ、結果として裁判官の独立性への精神を風化させることになる。

　最近の判例（東京地判平6・6・12判時1562号、浦和地判平9・1・21判時1599号、浦和地裁平9・8・19判時1624号）において、弁護人が被疑者に黙秘を勧告したことに対する批判をこれほどあからさまに判決文に書き込むなどということは、1970年代の価値観の対立が厳しかった時代においてすら想像することができなかったといってよく、このことは長きにわたる官僚制支配による病根からくる歪みであるといって過言ではない。

　一連の司法制度改革の中で、陪審あるいは参審の導入が強く主張されたのは、皮肉にも裁判所自らが招いた結果でもあることを見逃してはなるまい。

刑事弁護の原点

　私がこのような時代状況の中で、黙秘権について最初に読んだのが佐伯千仭博士の「いわゆる黙秘権について」（昭和26年1月、公安思潮7号に掲載されたもので、佐伯千仭『刑事裁判と人権』〔1957年、法律文化社〕に収録されている）であった。この書の中で、黙秘権の保障が新しい憲法以前からのものであることを学んだ。

　佐伯博士は「新憲法あるいは新刑事訴訟法によって始めて認められたものでなく、すでに旧刑事訴訟法の下においても、わが刑事訴訟法学説の一致せるところであった。第二次大戦中ナチス独逸では、被告人に自白義務ありとする非常識な学説が一部に台頭したことがある。その影響はわが学界にも一付現れかけたことがあるが、わが学界の大勢はこれを歯牙にもかけなかったのである」（同書148頁以下）とする。

　また佐伯先生が、極めて初心者であった私に対して「黙秘権を行使することによって、一切の不利益を受けてはならない。それは勾留の判断においても、

量刑においてもしかり。ただ、積極的に虚偽をのべることのできる権利ではないから、弁護人として、為にする否認をさせるのはよくない。むしろ黙秘権を行使させるべきだよ」と教示くださったことを今も想起する。

次に私が手にしたのは、平野龍一博士の「黙秘権」（昭和27年、刑法雑誌2巻4号に掲載されたもので、平野龍一『捜査と人権』〔1981年、有斐閣〕83頁以下に収録されている）であった。この書によって、黙秘権の歴史とその本質が個人の人格の尊厳に基づく普遍的原理であることの理解をいっそう深くした。

若い法律家の方々が、もう一度これまでに挙げた著書から学び直すことをぜひすすめたい。生き生きした論争のあったことを知ることによって、この問題への理解は深まるであろう。

ところで、私は労働事件や選挙法違反事件において、被疑者にしばしば黙秘権の行使を勧告し、幸いにも多くの事件において不起訴処分とする成果をあげることができたし、一般的事件においてすら、時には黙秘権の行使を積極的に勧めもした。黙秘権を行使すると捜査官から暴力を振るわれた事件では、被疑者が断食をして抵抗し、取調べを中止させた事案も2件ではあるが経験した。

これほどに激しい弁護活動をすることを可能にした支えは、事件自体が政治的弾圧によるものか、あるいは被疑者が無実のものであるという確信によるものではあったが、これらの事件における被疑者自身の多くも当然のごとく黙秘をして怯むことはなかった。

捜査にあたった検察官からも、厳しい対立をくぐって、弁護活動にさわやかな賞賛を贈ってくださることもしばしばあった。その中には、今も懐かしく交流の続いている諸先輩がいる。

その時代からすでに20年以上経過することになるが、やや大仰にいえば、法律家も含めてすべての者が人間として魂を失いつつあるのではないかとふと思うときがある。声高に黙秘権の行使を批判する法務省幹部、一部裁判官の動きにわが国の司法の行く末について危うさを禁じえない。

また最近、ごくごく一部の弁護士のことであるが、「被害者保護」の観点から被疑者の黙秘権を否認し、説明義務を果たせという議論が出されており、捜査側もこれを利用している節がある。

その方々に対して、被害者保護は大切であることを認めたうえで、佐伯博士の「被疑者の黙秘権の否定というような事実の中に解決を求めようとするところに、性急な我々日本人のいつもの悪い癖が出ているのである。民主主義はせっかちな民衆の間では育ち難いものである」（前掲152頁）という指摘を噛みしめてもらいたいと思う。

弁護人は何をすべきか

　黙秘権の内容については、前掲2つの論文が出た以降、学説やアメリカの判例などにおいて幅広い議論の展開を見ることになり、多くの文献があるので、私の未熟な意見はむしろ差し控えることが望ましいと考える。

　そこで、実務の視点から、1点のみ付言しておくと、実務の現場においてどのような場合に弁護人が黙秘権の行使を勧めるかは難しいということである。はじめに原則があるのではなく、被疑者の力量を測りながら、個別事案に応じて選択されることになる。が、少なくとも判断に迷ったときは、まず黙秘権を行使させ、それを貫くか、供述に転じるかは捜査の進展や事件全体の解明の深まりに応じて柔軟に対応していくほかない。

　したがって、黙秘権の行使を防御の手段として選択される場合における弁護活動は、被疑者との接見を密にすることはもとより、可能な限り事件への情報を入手して、的確な判断を教示することが求められることを心しておくべきであって、原則論を踏襲することが、良き弁護ではない。

　そして、よりよい弁護活動をするためには、捜査弁護を理屈で捉えるのではなく、「力仕事」であると腹をくくって、労を惜しまず経験を積むこと以外に成功への秘訣はないのである。

補説

　本稿は、平成15年6月23日に実施された兵庫県弁護士会「刑事弁護セミナー」の研究会（第3章の課題）にあたって、あらかじめ準備していたノートによって構成したもので、私の考え方の要旨にとどまる。当日の勉強会では、議論

がこのテーマにまで至らなかったので、ここに掲載した。
　「真実義務」の問題について少し補足しておきたい。まず文献についてであるが、本文中に引用した以外のものとして、松尾浩也著『刑事訴訟の原理』（1974年、東大出版社）を参照した。
　本稿では触れていないが、次の2つの文献が役立つと思う。
　1つは中村治朗著『弁護士倫理あれこれ（上）（下）』（判時1149-3・同1150-3）で、アメリカでの議論を知るうえで役立つし、読みものとしてもおもしろい。
　2つ目は、後藤昭『刑事弁護人の役割』（平成11年度日弁連研修叢書〔第一法規〕647頁）で、弁護人が被訴追者との信頼関係を形成しつつ、その個人の権利・利益の擁護に徹するうえで、いかなる手法をもって、どこまで弁護活動が可能かという、いわばその限界（極限）を探るうえでたいへん参考となる。
　ここで示されたような個別的課題をめぐって、議論がいっそう深まることを期待したい。
　そこで、1点だけ述べておくと、最も難しい問題は「依頼者の利益とは何か」ということである。後藤論文は、弁護活動のルールを提起するという趣旨から、実務上はあまり起りそうもない［設例］を問うものとなっている。
　が、たとえば企業犯罪や、選挙法違反事件において、被訴追者が会社の組織や当選議員の資格を守るために、あえて、自らの一存で事件を処理したもので、会社や組織ぐるみの関与を否定する弁解を貫く場合、被訴追者の利益とはいったい何であるのか。被訴追者の責任の軽重と組織防御への立場が衝突することになるが、弁護人としてはどのような対応をとるべきか、たちまち立往生することになる。
　私の場合は、むしろ、ねらいをあえてオープンにして大胆な「司法取引」によって解決したケースが多いが、その対応は弁護士によって異なるであろうし、いずれにしても、この種の事件で修羅場を踏むことによって成長するのだと思う。
　次に、私はこのテーマについて「真実義務」とは何かとしてその意味を求めたうえで、「真実義務」は誰に対して負う義務かを問い、「裁判所に対する義務である」として、これを否定した。
　その限りにおいて佐藤論文と結論のみが異なる。結論が異なる理由は、私が

弁護人の「真実義務」の問題を法的義務から解放し、弁護士倫理上の規範の問題として還元せんとしたことによる。

ところで、民事裁判においても、虚偽陳述や不真実の証拠資料・証拠の提出は許されないという「真実義務」が課せられ、これは法律上の義務であるというのが通説である。民訴法上も、これらへの制裁が規定されている（たとえば民訴209条、230条）。もとより、かかる「真実義務」を否定する見解もあるが、いずれにしても留意しておきたいのは、民事訴訟法の真実義務は、まず私人対私人間における訴訟当事者双方に対して示された規範であって、その訴訟代理人は当事者の「真実義務」の効果として、倫理上の義務が問われることになるという構造となっていることである。

ちなみに、私は仕事の90％以上が通常民事事件における訴訟、あるいは訴訟外処理であるが、依頼者に対して不真実と思われるような主張・立証を徹底して許してこなかったし、「社会的に妥当な解決」を図るために、依頼者の側に法的正義があるとしても、個別的解決への妥協（和解）を説得して、よく依頼者と衝突もし、事件の辞任もした。

きっと失った経済的利益は計り知れないが、それは弁護士としての私の美学でもあった。「真実義務」の問題について、刑事事件と民事事件とを統一して考える必要はないという私の思いの率直な理由かもしれない。

丹治初彦（たんじ・はつひこ）

1940（昭和15）年、兵庫県に生まれる。
1964年、中央大学卒業。1971年、司法研修所23期修了。
現在、弁護士（兵庫県弁護士会所属）。
主要著作に、『実務刑事弁護』（共著、1991年、三省堂）
がある。

「捜査弁護」覚書

2005年2月25日　第1版第1刷発行
2005年8月1日　第1版第2刷発行

著　者　丹治初彦
発行人　成澤壽信
発行所　株式会社 現代人文社
　　　　東京都新宿区信濃町20
　　　　佐藤ビル201（〒160-0016）
　　　　Tel.03-5379-0307（代）
　　　　Fax.03-5379-5388
　　　　daihyo@genjin.jp（代表）
　　　　hanbai@genjin.jp（販売）
　　　　http://www.genjin.jp/
発売所　株式会社 大学図書
印刷所　株式会社 シナノ
装　丁　清水良洋（Push-Up）

検印省略　Printed in JAPAN
ISBN4-87798-247-7 C2032
©2005 by Hatsuhiko TANJI

本書の一部あるいは全部を無断で複写・転載・転訳載などをすること、または磁気媒体等に入力することは、法律で認められた場合を除き、著作者および出版社の権利の侵害となりますので、これらの行為を行う場合には、あらかじめ小社または著者宛に承諾を求めてください。